MUJER DE SUS SUEÑOS

Alma,

Eres su sueño.

Nolita WdeTheo

LA MUJER DE SUS SUEÑOS

NOLITA W. DE THEO

CASA
CREACIÓN
A STRANG COMPANY

La mayoría de los productos de Casa Creación están disponibles a un precio con descuento en cantidades de mayoreo para promociones de ventas, ofertas especiales, levantar fondos y atender necesidades educativas. Para más información, escriba a Casa Creación, 600 Rinehart Road, Lake Mary, Florida, 32746; o llame al teléfono (407) 333-7117 en Estados Unidos.

La mujer de Sus sueños por Nolita W. de Theo
Publicado por Casa Creación
Una compañía de Strang Communications
600 Rinehart Road
Lake Mary, Florida 32746
www.casacreacion.com

Editado por *Gisela Sawin*
Diseño de portada: *Jerry Pomales*
Diseño interior por: *Grupo Nivel Uno, Inc.*

ISBN: 978-1-59979-107-4

Impreso en los Estados Unidos de América
07 08 09 10 * 9 8 7 6 5 4 3 2 1

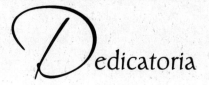

Dedicatoria

Este libro se lo dedico a mi papá, Francisco Warren, porque siempre me hizo ver cuál era mi verdadero valor como mujer y me encaminó a buscar una relación con mi Novio.

Reconocimientos

Primero, le quiero agradecer a mi esposo, Naki Theo, por su constante apoyo a lo largo de los años, en todas las áreas. Él siempre me tuvo confianza y creyó en lo que Dios había puesto en mí. ¡Gracias, Babe, porque no hubiera llegado hasta este punto, sin ti! Estoy muy agradecida con el Señor por el marido que me dio y por nuestros hijos. John Anthony y Warren son una bendición de Dios, y mi mayor deseo es que siempre sepan que los amo y que Dios tiene grandes cosas para ustedes.

Debo agradecer, también, a Tessie de DeVore, porque ella me abrió las puertas para desarrollar algo que no estaba segura de poseer.

Tessie, no sabes cuánto ha significado tu apoyo a través de todos estos años. Hiciste que creyera en mí misma y en el don que Dios me había dado.

Hubo muchas personas que, de alguna manera, colaboraron con esta obra.

Michelle, tú estuviste desde el principio, y doy gracias a Dios por tu vida.

Gracias, Victoria T., por ser tan generosa al prestarme tus libros, en tantas ocasiones.

Gilda, tu ánimo y tu oído tan paciente me ayudaron a atravesar momentos de frustración. ¡Gracias!

No puedo nombrar a cada uno de ustedes, pero saben quiénes son. Las conversaciones e ideas comentadas han llegado a formar una parte de esta obra.

Los amo y le doy gracias a Dios por sus vidas.

A toda mi familia: ¡gracias, por ser parte de mi vida! A mis hermanos (y a sus cónyuges), porque siempre me he sentido amada y apoyada por ustedes.

Doy gracias a Dios por mamá, que me inculcó el aprecio por el estudio y la confianza de poder lograr cualquier cosa. Te amo, mamá, y sé que Dios será más real ahora que antes.

Señor, no sé cómo agradecerte todo lo que has hecho por mí. Tú eres mi Novio; y en primer lugar, en mi vida, siempre está mi relación contigo, que describo en este libro. Mi mayor deseo es que todos puedan disfrutar de ella, y sé que tú eres quien lo puede cumplir.

Contenido

Prólogo

¡Este libro es liberador! Pocas veces he leído un manuscrito que me impacte tanto como este. Los principios y conceptos que mi hermana, Nolita, desarrolla a través de estas páginas, son revelaciones que desencadenará la vida de muchas personas, dejándolos libres para alcanzar todo su potencial en Dios. Aunque es cierto que el libro es originalmente destinado a un público femenino, no me cabe duda que impactará profundamente a cualquier hombre que se atreva a leerlo. Puedo decir que, en mi caso, me abrió los ojos a perspectivas que antes desconocía. Me desafió. Me inspiró. Me motivó.

Siempre he conocido a mi hermana como una gran pensadora. Es brillante e inteligente. Sin embargo, a través de estas páginas, no solo leemos palabras de una mujer extraordinaria, sino respiramos el aliento de inspiración divina del Espíritu Santo. Son palabras de Dios que liberarán a nuestra querida América Latina. Son palabras que impulsarán a un nuevo nivel de gloria, tanto a la mujer como al hombre latinoamericano. Son palabras que tienen el potencial de alterar el rumbo de nuestra cultura. Dios ha hablado a través de estas páginas.

Creo firmemente que el día que América Latina corone a la mujer, dándole el lugar de respeto que se merece, muchas cosas cambiarán en nuestra cultura. Mientras sigamos repitiendo los mismo errores culturales del machismo, la subyugación y humillación de la mujer, que se traspasa de generación a generación, seguiremos cosechando los mismos resultados nocivos que hemos tenido por todas estas generaciones. Tengo una gran esperanza que Dios levantará una generación que, una vez por todas, rompa ese ciclo vicioso, trayendo un nuevo día para nuestros hijos, nietos y bisnietos. ¿Será usted uno de esa nueva generación?

La mujer de Sus sueños puede ser una de las herramientas que Dios use para romper ese ciclo destructor. Mi deseo es que a través de estas enseñanzas, el Señor nos ilumine para saber cómo aplicarlas a nuestra vida personal, permitiendo que lleguen a ser parte de nuestra fibra moral, afectando positivamente nuestro pensamiento y comportamiento. Que Dios levante más voces como la de Nolita W. de Theo para hablarnos principios y revelaciones que cambien nuestra vida para llegar a ser más como es nuestro Señor Jesús.

Marcos Witt
Houston, TX

$\mathcal{I}$ntroducción

Desde el principio, la mujer fue creada para tener un papel importante en la sociedad; pero en el Jardín del Edén, el enemigo —Satanás— la engañó, haciéndole creer que lo que Dios le había dado no era suficiente, que necesitaba más... conocimiento, una mejor posición, más talento. Dios ya había puesto en ella todo lo que le haría falta para desarrollar el papel de ayuda idónea para su esposo, pero ella escogió creerle a Satanás y, en cierta manera, buscó usurpar el lugar del hombre y de Dios. Y recibió en su cuerpo las consecuencias de este acto, así como también, el dolor, el rechazo y el odio que, a través de toda la historia, tuvo que soportar.

A pesar de eso, Dios siempre la ha dignificado. Aun cuando la sociedad «oficial» no le diera el lugar que merecía, ella salía a relucir, una y otra vez. ¿Por qué? Yo estoy convencida de que es por el favor de Dios y por su deseo de que la mujer, en algún momento, pudiera atreverse a tomar el lugar que desde el Edén le había pertenecido, pero que nunca había logrado alcanzar por sí misma.

En este libro, he tomado un pasaje que se encuentra en Ezequiel 16, que habla del pueblo de Dios, Israel, como una mujer, y todo lo que ha tenido que transcurrir antes de haber entrado en pacto con Dios y tomado el lugar que siempre le había correspondido. Mi estudio del pasaje me llevó a relacionar la historia de Israel con la de la mujer. Existen muchos paralelos en la alegoría de Israel y la situación de ella, a través de la historia y en todas las culturas. Como mujeres, hemos vivido experiencias muy similares. Tenemos muchas cosas en común, y las menciono; pero hay una característica que todas compartimos, que sobrepasa a las demás en importancia: nuestra necesidad de Dios.

Llega un punto en la historia de la mujer de nuestra alegoría, así como sucede con cada una de nosotras, en que se ve enfrentada con la realidad de su condición y con su necesidad de un Salvador. Todas llegamos al momento de decidir si entraremos en pacto y relación con Dios o si seguiremos como estamos ahora mismo.

Dios está pasando por donde usted se encuentra. Él quiere iniciar una relación de pacto con usted. Tiene en sus manos todo lo que le puede hacer falta.

Si podemos asimilar que Dios no creó a la mujer para ser menospreciada y devaluada, sino para tomar un lugar en su creación, un lugar que ningún otro ser puede llenar, entonces nuestra respuesta tendrá que ser afirmativa.

Quizá, usted ha experimentado, de alguna manera, un desprecio por su vida, un rechazo de su persona, un momento en que su bienestar físico, emocional y espiritual haya sido completamente ignorado por el deseo egoísta y cruel de otro ser humano, o, simplemente, por su indiferencia. Si es así, mi anhelo al escribir estas palabras es de asegurarle su valor como persona y como mujer. Su existencia no es un accidente ni un error. Es deseada por Dios y es esencial para que su designio en este mundo se cumpla tal y como Él lo ha deseado desde la fundación del mundo.

En las páginas de este pequeño escrito, verá que Dios la ha tenido siempre en su vista y desea formar una hermosa relación de pacto con cada una de sus hijas. Usted es amada más que en cualquiera de sus más locos ideales. Dios está pasando a su lado, ¿y ahora, qué sucederá? Si usted así lo desea, lo mismo que le aconteció a Israel.

Capítulo 1

La historia de un nacimiento

Tu origen, tu nacimiento, es de la tierra de Canaán;
tu padre fue amorreo, y tu madre hetea.

(Ezequiel 16:3)

«¿De dónde eres?»

Al conocer a alguien, esta pregunta es de las primeras que se hacen. Nuestras raíces son una parte importante de nuestra identidad, y damos pistas sobre esta información —aun sin darnos cuenta—, por ejemplo, a través del acento, de palabras y frases comunes, de la manera de vestir, del aspecto físico. Para algunas, su lugar de origen es motivo de orgullo y confianza; pero para otras, de pena y vergüenza, y su deseo es cambiarlo o esconderlo.

El de la bebita de nuestro pasaje es obvio. Si pensamos que ella era israelita —o sea, una persona que había entrado en pacto con Dios y que gozaba, se suponía, de una relación privilegiada con Él—, hubiéramos considerado que había descendido de su padre, Abraham. Sin embargo, se topa con la cruda realidad de que su origen no fue tan deseable. No era hija de aquél, sino de un amorreo. Este pueblo, en los tiempos antiguos, era conocido como pagano, y se hallaba entre los peores y más formidables enemigos de Israel. Darse cuenta de que su raíz era un pueblo (o un hombre) sin ninguna relación con Dios y, aun más, uno de sus enemigos mortales, ha de haber sido sumamente difícil para ella. Y no mejora mucho su posición, al ver quién era su madre, ya que era hetea. Estas personas tampoco servían al único Dios, y las mujeres eran conocidas como mal educadas y tenían mala fama. Quizás, Israel había pasado toda su vida pensando que su origen era noble o sabiendo que no lo era y tratando de ocultar la verdad. De cualquier manera, Dios ahora ha revelado públicamente su identidad.

Para nosotros, también es importante conocer nuestro origen y saber quiénes somos. La historia está repleta de casos de personas que quisieron aparentar algo que no era la verdad, con las consecuencias que esto implica. Desde lo primeros humanos, Adán y Eva, percibimos este deseo. Cuando la serpiente engaña a Eva, una de las cosas que le dice es que conocerá cosas que no conoce y llegará a ser más como Dios (todopoderoso, omnisciente, omnipresente). Y quiso aparentar algo que no era. Después, cuando Adán también decide comer de la fruta, se dan cuenta de su condición: están desnudos. Lo primero que hacen es tratar de esconderla.

Cuando Dios llega a escena, sin embargo, nada es oculto. Él ve exactamente lo que son y lo que han hecho. En ese momento se presenta la necesidad de un Salvador y el plan de salvación

(Gn 3). Pero nosotros seguimos con la idea de esconder nuestra verdadera condición. Si hacemos creer a los demás que, en verdad, somos lo que decimos que somos, creemos haber logrado el éxito. Pero cuando Dios llega, revela a todo el mundo la realidad de nuestro corazón. Así como Dios les mostró primero a ellos mismos la necesidad que tenían, a nosotros nos abre los ojos, y decimos, con Job: *...ahora, mis ojos te ven* (Job 42:5).

Sin embargo, Dios, en su misericordia, provee la solución, junto con el problema. Adán y Eva están desnudos y descubiertos, pero Él les hace ropa. Dios nunca nos deja en nuestro estado original. Nunca nos abandonará en el lodo donde nos encuentra porque su deseo es bendecirnos y no maldecirnos; su deseo es levantarnos y llevarnos a otro lugar.

Ahora, ¿cómo podemos aplicar esta verdad a nuestra vida? Bueno, lo primero que tenemos que hacer es ver nuestra necesidad, ver nuestro verdadero origen. Remover la máscara y ante Dios decir que reconocemos nuestra necesidad de Él. Para la mujer de nuestro pasaje, el primer paso fue reconocer y aceptar que no era quien aparentaba ser.

Gran cantidad de mujeres han pasado mucho tiempo y se han esforzado para olvidar quiénes son y de dónde vienen. Han cambiado su manera de hablar, de vestir; algunas, hasta su nombre, que encierra, en unas sílabas, su esencia; y el pensar que tendrán que regresar a sus raíces les provoca cierto pánico y ansiedad. Se preguntarán: «¿Por qué tengo que recordar de dónde vengo, lo que hice, lo que me hicieron, lo que me dijeron? ¿No es el deseo de Dios sanarme y hacerme sentir mejor? ¿Por qué pide esto de mí?». Se han pasado una vida entera escondiendo su pasado y sus raíces y, definitivamente, no quieren sacar todo a la luz del día ahora.

Es el momento de remover la careta. Es el momento de dejar atrás todas las murallas que nos protegían. Es el momento de decir en voz alta nuestro nombre. Es el momento de recordar nuestro pasado. Es el momento de llegar a los pies de Dios porque Él le promete un nacimiento nuevo. De hecho, Juan 3:3 nos dice que si no nacemos de nuevo, no podremos ver a Dios. Esta es una idea muy poderosa ya que puede dejar atrás su pasado. Podemos ser criaturas nuevas, y todas las cosas son hechas nuevas para nosotros (2 Co 5:17). Hasta nuestro nombre será cambiado. En efecto, en Isaías 62, nos promete un nuevo nombre, un lugar en la casa de Dios y una seguridad eterna. Seremos personas nuevas, sin la corrupción de la antigua (1 P 1:23). ¿Cómo es que nacemos de nuevo? Bueno, ya mencioné que una parte es creer en Dios. También, 1 Juan 5:1 nos dice: *Todo aquel que cree que Jesús es el Cristo, es nacido de Dios…* Otro pasaje, en 1 Pedro 1:23 dice: *siendo renacidos (…) por la palabra de Dios que vive y permanece para siempre.* Creer en la Palabra de Dios hace que haya un renacer en su espíritu; y en el mundo espiritual, usted recibe un nuevo nombre, un nuevo carácter, un nuevo futuro.

Pensar que ya no tengo que seguir viviendo bajo la tristeza y la angustia de mi vida anterior me produce mucha alegría y, también, me da esperanza. El texto de I Pedro 1:3 dice que Dios *nos hizo renacer para una esperanza viva.*

Usted ahora puede gozar de un nuevo origen, el cielo, y de un nuevo nombre, hija de Dios. Ahora, su vida tiene propósito y esperanza. En lugar de tristeza, ahora tiene gozo. En lugar de angustia, ahora tiene alegría. En lugar de abandono, ahora tiene un Padre que nunca la dejará. Tiene todo lo que usted necesita para comenzar una vida nueva.

En este momento, en que goza de un nuevo nombre, de un nuevo origen, Dios le pide que abra su mente y su corazón a Él, para entrar y sanar, restaurar y vivificar cada área de su vida. Es como cuando uno compra una casa antigua. Es necesario pasar por cada habitación y limpiar, remover lo dañado, reparar y restaurarla, antes de que esté completamente habitable. Nuestra vida podría seguir la misma ilustración. Hay áreas que necesitan un toque especial de Dios: de perdón, de restauración; un toque de su Espíritu Santo; pero si no permitimos que entre, entonces Él respetará nuestros deseos, y nos quedaremos con nuestra vieja manera de vivir, de hablar, de vernos a nosotros mismos, de tratar con otras personas. Sin embargo, Dios desea hacer todas las cosas nuevas en nosotros. ¿Permitirá que Él complete su obra en su vida?

Ya no existen la culpa ni la pena por el pasado; pero, sí, heridas que necesitan ser lavadas por la Palabra y sanadas por el Espíritu Santo. Será un proceso difícil el de entrar en cada área de su vida con la luz de la Palabra que todo lo alumbra, aun las cosas olvidadas en un rincón de su mente o de su corazón; pero recuerde que Cristo ha comprado su vida y desea hacer de ella algo precioso que traerá gloria a su nombre.

Uno de los primeros pasos que tomará al recorrer las habitaciones de su vida es el de recordar.

Existen evidencias científicas, en el área de la psicología, que nos dicen lo mismo. Si usted desea ser libre en el presente para disfrutar de todo lo que Dios tiene planeado para usted, es esencial recordar su origen y su pasado. Si no lo hacemos, no podremos disfrutar de la libertad que Dios desea darnos en el presente y en el futuro, como hijas suyas.

Vamos a explicarlo de otra manera: si ha sufrido algo en el pasado, piense que se ha derramado un veneno en su cuerpo, en su alma y en su espíritu. Si este veneno no se remueve por completo, terminará contaminando cada área de su vida.

Repentinamente y sin, al parecer, ninguna razón, pueden sentirse sus efectos. Pero tenga por seguro que, tarde o temprano, usted los sufrirá. Comúnmente, se presentan en situaciones que incluyen aspectos íntimos, agresión, abandono y temor, que son estresantes y provocan intensas reacciones emocionales. Estas pueden afectar profundamente su vida, en todas las áreas; pero no tienen que gobernarla, y la habilidad de identificarlas y de entenderlas nos ayuda a controlarlas, porque nos damos cuenta de que sólo son emociones y de que no tienen el poder de regir nuestra vida, si logramos tratar con ellas. De modo que el primer paso hacia la sanidad y la libertad es recordar los hechos que derramaron el dolor, el veneno, en nuestra vida. Al hacerlo, lo que aparentemente tenía, en el pasado, la capacidad de devorarla, es controlado y puesto en términos finitos. Se vuelve algo manejable. El acto de recordar hace que lo contaminante de su pasado comience a ser expulsado, y aunque, quizá, sea un proceso algo incómodo, su fin podrá ser el comienzo de la sanidad para su vida. (Nota: Quiero aclarar que, en ocasiones, según la gravedad del caso, la persona requerirá ayuda para enfrentar y sobrellevar este proceso, ya que puede ser algo sumamente difícil.)

El peligro de evitar este paso es que el veneno que ha quedado enterrado en el corazón, la mente y el espíritu no se queda inactivo ni se irá disipando. Al contrario, no tratar con él es permitir que aumente su presión, y llega el momento en que explota o comienza a supurar; y, así como sale el agua de una esponja, ese veneno tendrá que salir por algún lado, a través de su cuerpo, de sus acciones y actitudes o de sus pensamientos. Es importante dar este primer paso de reconocer nuestras raíces —no, para acusar ni condenar— sino para encaminarnos hacia una vida de plenitud y de libertad en Dios, porque el veneno siempre es algo que nos espanta y es peligroso. Poder ver y reconocer que no todas nuestras experiencias han sido bonitas o positivas nos abre a la posibilidad de que Dios llegue a escena y rectifique todo lo que estaba mal. Por el contrario, no hacerlo es prohibirle el paso y evitar que sus manos obren a nuestro favor.

¡Venga conmigo al pasado!, ¡no tenga miedo de caminar por los pasillos oscuros de las memorias olvidadas! Abra las puertas para permitir que salgan a la luz el dolor, el abuso, el rechazo, la falta de perdón, la ira, las contiendas, todo el dolor y la vergüenza, porque sólo así recibirá la sanidad del bálsamo de Galaad (Jer 46:11), que es nuestro tierno y dulce Dios. Sé que, posiblemente, no quiera abrirlas; pero confíe en que Él irá con usted, y brillará la luz de su Palabra en la más negra y densa oscuridad de su pasado, para traer paz, fortaleza y seguridad a su presente y a su futuro.

Capítulo 2

Una nueva identidad

Y en cuanto a tu nacimiento, el día que naciste no fue
cortado tu ombligo…

(Ezequiel 16:4a)

Ahora que hemos logrado aceptar la verdad con respecto a nuestra descendencia y a nuestro pasado imperfecto —posiblemente, haya situaciones que preferiríamos dejar en el olvido—, es importante comenzar a narrar nuestra historia. Lo que, para muchos, han sido solamente cuadros mentales, necesitan ser puestos en orden y narrados. Es importante llevar lo que ha existido sólo en nuestro mundo de recuerdos al mundo real de las palabras. Esto produce un sentir de finalidad. Podemos creer que nuestra historia, por muy penosa y dolorosa que sea, es algo finito (es decir, que tiene un comienzo y un fin) y, como tal, queda bajo nuestro control el efecto que producen las emociones relacionadas a ella. Si desea ser libre de las cadenas de la memoria, tiene que hacer de ellas una cosa manejable, tangible, y esto lo logra al enfrentar y reconocer el dolor que causaron en el pasado y al narrarlo. Cuando ha logrado relatar su historia, ha dado pasos significativos en el proceso por el que Dios nos quiere llevar para gozar de una completa sanidad y restauración emocional, mental y espiritual.

La historia de la niña de nuestro pasaje, al igual que la nuestra, comienza el día de su nacimiento. Un día que, bajo circunstancias normales, sería alegre y de celebración. En la mayoría de las ocasiones, el nacimiento de un bebé trae gozo; y la comprensión de los padres de que la vida continuará después de su muerte es algo, para muchos, de verdadero impacto. Crea una nueva esperanza en el futuro y un deseo de ver que se cumplan los sueños que antes habían quedado en el olvido. Pero el nacimiento de esta niña no se produjo en circunstancias normales, ya que no fue recibida con agrado ni tuvo los cuidados que se dan a un recién nacido; quizás, usted se identifique con ella.

Cortar el cordón umbilical es una de las primeras tareas, después del nacimiento de un bebé; pero a ella no se lo hicieron. El cordón provee toda la nutrición y sustento que necesita un bebé en el vientre de su madre; pero al nacer, él recibirá el alimento por sus propios medios. En un bebé saludable, el proceso de comer y digerir es automático. No se le tiene que enseñar a pedir el sustento. Pero ¿qué sucedería si a este bebé se le privara de aprender a comer por sí mismo? Si no se le permitiera tener una identidad propia, desarrollar su autonomía; ¿se imagina en qué condición acabaría? Sería algo triste y hasta grotesco, ¿no cree?

Quiero que imagine conmigo que este cordón umbilical, también, representa algo emocional y mental de la vida. Cortar el cordón es símbolo de dar identidad y autonomía. Asegurar que el bebé pueda suplir sus necesidades o que tenga bien establecida su identidad es tarea importante de los padres. Desgraciadamente, en muchos casos, los hijos no han recibido las herramientas necesarias para «cortar» su cordón y viven dependiendo de otras personas. Obtienen de la opinión y del trato de los demás su identidad y seguridad como individuos, y no saben verse como personas autónomas ante Dios y ante los hombres. Viven con el cordón umbilical conectado a lo que ellos piensan que es la fuente de su identidad y de su seguridad. Nunca se les enseñó que son personas completas, sin necesidad de recibir su valor de los demás. Este tipo de personas no puede funcionar fuera de la aprobación y del permiso de otro. Son como un niño al que nunca se le enseñó a comer solo; como un bebé, al que nunca se le ha cortado el cordón umbilical, que busca, todavía, recibir su nutrición a través de otro.

Existen muchas mujeres que han crecido con la noción de que el único valor que pueden poseer es el que le asigne otra persona, por medio de su aceptación o acercamiento. Viven su vida a través de otros y para complacer solamente a otros; nunca se les ha enseñado que ellas también tienen necesidades como personas creadas a la imagen de Dios. Otro nombre para esto es la interdependencia: «la persona codependiente es aquella que ha permitido que el comportamiento de otra persona le afecte y que está obsesionada con controlar el comportamiento de dicha persona» [*Codependent No More* (No más codependientes), p. 31].

Esta palabra surgió en los programas para alcohólicos, en el trato con los familiares de adictos a las drogas o al alcohol, que, en muchas ocasiones, comienzan a demostrar ciertas características psicológicas y emocionales comunes; por eso, se vio la necesidad de tratar también con ellas para lograr que fueran libres de patrones y de hábitos, en sus propias vidas. Recibían toda su alegría y realización del familiar adicto, y esto los gobernaba. No contaban con una identidad propia. No reconocían sus necesidades personales. Toda su vida, cada acción, actitud o pensamiento se veían dirigidos hacia la persona adicta y, nunca, hacia sí mismos.

Hoy en día, se ha reconocido que muchas de las características o de los comportamientos exhibidos por una persona codependiente pueden haber sido aprendidos en su niñez, porque no se le dieron las herramientas para tener autonomía. Una de las particularidades más obvias en las personas codependientes es una muy baja autoestima. Tienen la plena convicción de que, si existe alguna necesidad personal, no es importante. Esto puede llevar a varios tipos de comportamiento en nuestras relaciones con las personas más cercanas a nosotros. Según *Codependent No More* (No más codependientes), uno de ellos es el obsesivo, con un excesivo deseo de control y de cuidado, una baja autoestima que casi llega al odio de sí mismo, una abundancia de enojo y de culpa, y una atracción por lo raro o extraño; y todo esto puede resultar en problemas con la comunicación y la intimidad, y en sentimientos de amargura, depresión, desesperación, culpa y abandono, entre otros. Pueden pasar toda su vida buscando el amor y la aprobación en cosas externas, pues nunca han logrado sentirlos internamente. Además, sus actitudes se manifiestan según dos categorías generales: la mano débil y la mano dura. Las tácticas pueden ser diferentes, pero la meta es la misma: «Lograr que otras personas hagan lo que usted quiere que hagan» (*Codependent No More* (No más codependientes), pp. 69-71). La primera clase abarca las mujeres que siempre se encuentran en relaciones en las que ellas terminan cuidando de otros, hasta el punto de perjudicar su propia salud y felicidad. No estoy hablando del cuidado normal de una mujer por su familia, sino de una atadura anormal a los deseos y a las emociones de otros. En muchas ocasiones, se puede manifestar en una relación con un alcohólico o con un drogadicto. Piensan que esta clase de personas es la que más precisará de su cuidado y llenan su necesidad de ser requeridas constantemente. Con tal de proteger este medio de seguridad emocional, quizá, toleren el abuso, las mentiras y toda clase de comportamiento dañino.

En la otra clase, se incluyen las mujeres que han aprendido a manipular a otros, por cualquier medio, para controlar su comportamiento. Utilizan el temor, las amenazas, los premios, la culpa, la lástima y otras tácticas más. El tener a las personas cerca de ellas es equivalente a controlar sus actividades en forma obsesiva; y, si alguien se les quiere escapar, reciben un enorme golpe en su autoestima y en su sentimiento de seguridad y de alegría. No pueden tolerar cualquier cosa que interpreten como abandono o rechazo, pues necesitan mantener el control, a toda costa.

Obviamente, cualquiera de las dos formas que pudiera tomar la codependencia es dañina y deja a un lado la verdad de que nosotros no podemos cambiar a nadie. El deseo obsesivo de controlar y de manipular a todos estorba el poder de Dios para obrar en la vida de las personas. Es casi imposible confiar en que Dios puede hacer lo que nosotras no logramos. Las buenas nuevas son que el primer paso para la recuperación o para cortar aquel cordón es reconocer que tenemos un problema. Esto, idealmente, debería hacernos sentir el deseo de cambiar.

El paso más importante para dar, en un proceso de sanidad, es lograr soltarnos de las relaciones que han producido esos patrones de conducta en nosotras. Esto no significa dejar de amar a la persona, sino separarnos, en amor, de ella o del problema y reconocer que nuestro papel no es el de salvador porque ya tenemos un Salvador. Para las personas codependientes, este hecho representa un peligro, pues están convencidas de que su manera de hacer las cosas y su forma de pensar siempre son las mejores y, desde ahora, su tarea será asegurarse de que todos vivan con autonomía, según sus propios criterios. Aunque esto puede ser un proceso difícil, al principio, después se vuelve algo muy liberador para quien lo emprende porque se dará cuenta de que no es responsable por el comportamiento de los demás, sino solamente por el suyo. Cuando uno puede soltar la responsabilidad por la conducta de otro y se puede enfocar en los cambios que Dios quiere hacer en uno, se saca un gran peso de encima. Dios no se preocupa, solamente, por lo que todos los demás estén haciendo, sino también, por lo que usted hace; y cuando usted puede soltarlos y dejarlos en las manos de Dios, experimentará una sensación de libertad que jamás había sentido y que terminará afectando cada área de su vida, porque la libertad se contagia.

Se podría decir que este proceso es el mismo de cortar el cordón. Puede ser una experiencia emocionante, debido a que, quizá por primera vez en toda su vida, podrá pensar en usted y en quién es, sin preocuparse por el «qué dirán», y permitir que los demás sean quienes son. Será libre para amarse a usted misma y para dar amor incondicional. El proceso de la recuperación puede ser largo y difícil, pero es lo que le traerá la paz que tanto anhela. También, acabará con el dolor provocado por la desilusión que llega cuando las personas no hacen lo que nosotros deseamos que hagan. Tanto usted como ellas serán libres.

Es difícil pensar que ahora será independiente y autónoma. Si por toda su vida ha recibido su valor y suplido sus necesidades por medio del cordón que no había cortado, será algo extraño pensar que ocurrirá de otra manera. Ahora, esto no significa que una mujer autónoma no tiene, también, necesidades, pero estas serán abundantemente satisfechas. Dios ha prometido suplir cada una de ellas. Veamos algunas, comunes a todas las mujeres:

Tenemos una necesidad de seguridad, tanto emocional como financiera. El hombre no podrá satisfacerla en cada ocasión; deberemos fijar nuestra mirada en Aquel que sí lo hará. En Romanos 8:35, dice que nada nos podrá separar del amor y del cuidado de Dios. Él desea mostrarle todo su amor, empezando por su muerte en la cruz del calvario. El versículo 32 nos dice que nos dará todas las cosas que hay en Él. Dios es el que puede brindarnos seguridad en todas las áreas en las que, como mujeres, nos haga falta.

Otra de nuestras necesidades es la de recibir amor. Muchas mujeres buscan suplirla por medio de una relación con un hombre, con sus hijos, con su familia; sin embargo, creo que puedo decir con acierto que todo esto no siempre la satisface plenamente. Las emociones humanas son inciertas, y lo que un día puede ser declarado como una verdad eterna, el siguiente puede ser tirado al suelo. No se puede confiar en la palabra de las personas, y lo más seguro es que terminarán defraudándonos y rompiendo nuestro corazón porque no nos pueden dar el amor que necesitamos. Pero hay Uno que es una fuente perpetua de amor. En Efesios 5:2, nos dice que Él nos amó, y la prueba de ello es que se entregó por nosotros. No hace falta buscar satisfacer el amor que necesitamos por medio de otras personas o situaciones, Dios lo hace. Él es amor, y su amor nunca cambia ni deja de ser. Y sabe manifestarlo, lo cual también nos hace falta, como mujeres. Muchas no han tenido la dicha de experimentar esta comunicación en sus relaciones terrenales, pero tenga por seguro que sí podrá hacerlo con su Padre celestial. Él promete comunicar su voluntad, amor, ánimo y enseñanza, por medio del Espíritu Santo, de su Palabra y de los hermanos. En

I Corintios 1:9, nos llama a tener comunión con Él, ya que ese siempre ha sido su deseo. Si nunca ha recibido una comunicación abierta y tierna de amor puro, deje que el amor de Dios llegue y la envuelva en sus brazos; Él desea dárselo de una manera tangible, que cambiará su vida. De esta forma, también, recibimos liderazgo y guía, la última necesidad que mencionaré. Todos somos como ovejas descarriadas, sin líder y sin cuidado, pero Juan 10:27 nos dice que ahora conoceremos la voz de nuestro Pastor, Cristo. Cuanto más tomemos conciencia de su dirección, más familiar y conocida será su voz en nuestras vidas. El Salmo 23 nos pinta un cuadro muy completo de todo lo que desea hacer el Pastor en cada una de sus ovejas y por ellas.

Dios no nos pide algo imposible para nosotros; solamente, que confiemos en Él, en su amor por nosotros y en que cumplirá cada una de sus promesas. Le dice que no necesita seguir dependiendo de otras personas o de usted misma para asegurarse de que recibirá todo lo que precisa para vivir, como mujer, una vida plena. Dé un paso de fe y experimente la libertad que llegará a su vida cuando haya cortado el cordón que la ha mantenido atada a su pasado, al temor, a la ansiedad, a la inseguridad. Atrévase a conectarse con el amor seguro y eterno de nuestro Padre celestial. ¡Cortemos el cordón umbilical, porque estamos completos en Él (Col 2:10)!

Capítulo 3

Lavada por obediencia

...ni fuiste lavada con aguas para limpiarte...

(Ezequiel 16:4b)

Un bebé, al nacer, está cubierto de una capa de grasa y sangre y del líquido amniótico. Necesita ser lavado para remover estas impurezas y dejar que se vea su hermosura. Es lo primero que se hace, después de haberse cortado el cordón umbilical.

Esta criatura no recibió, al nacer, ninguna clase de lavado.

La impureza nos habla sobre nuestra humanidad caída: todos nacemos con una naturaleza pecaminosa. Si ha tenido el privilegio de haber pasado tiempo en la compañía de algún pequeño, usted sabrá que nadie les tiene que decir cómo ser desobedientes o conducirse de una manera inapropiada. Al contrario, hay que enseñarles cómo comportarse con gentileza y obediencia. La naturaleza pecaminosa se hace cada día más evidente, si no se siguen los pasos necesarios para removerla.

A esta niña nunca se le dio ninguna corrección o educación. Las personas no se tomaron el tiempo de «lavarla» con agua; o sea, nunca le enseñaron lo que necesitaría saber para salir adelante en la vida. Aquellos conocimientos rudimentarios que nos van moldeando hasta ser una parte productiva en nuestra comunidad y en nuestro mundo. Estos conocimientos abarcan tanto el aspecto físico como el emocional. Algunas personas llaman a esto la «inteligencia emocional».

Es difícil llegar a reconocer que puede haber áreas de nuestra vida o de nuestro carácter que nunca nos enseñaron cómo tratar; que nunca han sido cedidas a la autoridad del Espíritu Santo y por consiguiente, jamás han visto un cambio. Simplemente, fueron olvidadas y siguieron rigiendo nuestras acciones, pensamientos, ideas, sin que fuésemos conscientes de ello. Todos las tenemos, y en ellas nunca entró la luz de la verdad ni el amor que necesitamos para poder cambiar nuestra manera de vivir, de hablar, de trabajar y de relacionarnos con los demás. Por ejemplo, quizá nunca se le enseñó que sus palabras tienen poder de vida y de muerte, y que tiene la responsabilidad de vivir una vida en paz con los demás; o, tampoco, cómo lidiar con esas emociones tan fuertes y abrumadoras que con tanta frecuencia la golpean. ¿Qué se puede hacer con ellas? ¿Qué hacemos, al sentir enojo o ira? ¿Cómo trato con el rechazo de otras personas? ¿Qué hago, cuando siento el deseo de pegarle a alguien que me acaba de ofender? Todos nos hemos hecho estas preguntas;

posiblemente, nunca se le ha enseñado a gobernar sus emociones. Es sumamente importante aprender a hacerlo, para que no lleguen a controlar cada aspecto de nuestra vida. Esas preguntas son difíciles de contestar, debido a que cada situación es diferente, cada experiencia es distinta; así que, en vez de buscar nuestras propias respuestas, estudiemos lo que Dios dice respecto a nuestras emociones y descubramos cuáles son las que nos ayudarán a vivir más como nuestro Señor Jesucristo. Para esto, es esencial establecer, primero, las bases a partir de las cuales podremos determinar cuándo una emoción es de Dios y cuándo no lo es.

La primera es reconocer que todos los corazones son malos y, también, lo que sale de ellos, emociones y reacciones (Mt 15:19). No hay ninguno justo, ni siquiera uno (Ro 3:10). Como dije antes, nos gusta tratar de esconder lo que realmente existe en nuestro corazón (alma, ánimo, deseo, inteligencia, voluntad) ya que nuestro deseo es aparentar ser personas sin necesidad de un Salvador. Nunca nos gusta admitir que nos hace falta alguien que nos pueda rescatar de nosotros mismos, pero Jeremías 17:9 nos dice que el corazón es engañoso y perverso más que todas las cosas, y nos pregunta: ¿Hasta cuándo permitirás en medio de ti los pensamientos de iniquidad? Ante las personas podremos aparentar una cosa, pero, sin duda, no es así con Dios, porque Él escudriña la mente y el corazón de todos (I Cr 28:9; Ap 2:23), y ve la realidad de quién es usted y de sus deseos, cada uno de sus impulsos y motivaciones.

La segunda base es el acercamiento a Dios. Si usted reconoce que en su vida, su alma, sus pensamientos, sus emociones existen características y maneras de pensar y actuar que van directamente en contra de lo que hemos visto como la verdad, puede hacer algo al respecto para cambiarlo, o sea, se puede acercar a Dios. Dios promete que si nosotros nos acercamos a Él con sinceridad y sencillez, Él se acercará a nosotros (Heb 10:22; Stg 4:8).

La tercera es la purificación, que se produce como consecuencia de nuestro acercamiento a Dios. Hebreos 10:22 nos dice que podemos acercarnos con toda confianza. Sin embargo, nos toca una tarea: purificar nuestro corazón de mala conciencia. También, en Santiago 4:8, se nos exhorta a purificar nuestro corazón si hemos sido personas de doble ánimo. Cuando nos hacemos vulnerables ante Dios, y Él comienza a revelar cosas sobre nuestro carácter, estando en su presencia, la progresión natural es un deseo que sea removido aquello que nos pudiera estorbar en nuestra búsqueda de Dios. Esto es la purificación.

Se nos ha dado un corazón nuevo y un espíritu nuevo, al venir a Cristo (Ez 18:31), y nuestro deber es mantener la limpieza de este corazón; por eso creo que se nos dice que debemos lavar nuestro corazón de la maldad (Jer 4:14). Al ser hechos nuevos y lavarnos de continuo con el agua de la Palabra, Dios promete que Él mismo pondrá sus leyes en nuestra mente y las escribirá sobre nuestro corazón renovado y maleable (Heb 8:10).

Después de haber sido lavados y recibido una nueva clase de ley, la ley de Dios, sigue otro paso: la obediencia, que es la cuarta base. Cabe mucha información en esta mente que Dios nos dio, pero si ese conocimiento no se pone en acción, por medio de la fe, entonces seguirá siendo sólo información. Deuteronomio 32:46 nos ejemplifica este paso mandando que apliquemos nuestro corazón a todas las palabras que se hayan recibido; es decir, poner por obra lo que se ha aprendido. La obediencia es lo que enciende el motor de la fe y lo echa andar. Al practicarla, veremos avances en nuestra vida. Consiste en actuar sobre todo lo que se haya dicho o hecho hasta ese momento, y, si no se obedece, entonces todo se queda —podría decirse— «volando» en el mundo de las posibilidades, y no lograremos ver la realidad de todo lo que Dios tiene para nosotros.

Para vivir una vida libre de la impureza del pasado y de nuestra antigua manera de vivir y de pensar, es absolutamente necesario dar este paso. Es un proceso concreto, de una decisión a la vez. Una disculpa, una sonrisa, un abrazo, un «gracias», un «te perdono», un «te amo» a la vez; paso a paso, hasta llegar a la medida del varón perfecto (Ef 4:13). Y con cada uno de los que vaya dando, se le hará más y más fácil. Pronto estará corriendo la carrera de la fe.

La obediencia siempre lleva, en sí, una recompensa. Estoy convencida de que al ser impulsados a obedecer a Dios por nuestro amor hacia Él, comenzaremos a ver cambios concretos en nuestra manera de vivir, hablar y pensar, y estaremos conscientes de aquella paz que se nos ha prometido. Filipenses 4:7 nos dice que la paz de Dios guardará nuestro corazón y nuestros pensamientos en Cristo. Conforme sigamos obedeciendo, en fe, lo que Dios nos ha mandado, ella llegará a nuestra vida y nos guardará en nuestro camino. Debemos aprender siempre a buscar la voz de la paz de Dios, en todas las áreas de nuestra vida. Podríamos decir que esto es el resultado de haber edificado sobre nuestra base: que nuestros pensamientos y emociones sean guardadas en completa paz. El lugar de paz es Cristo, y para andar y vivir en ella, tendremos que disciplinar nuestra mente, alma y espíritu para tener los pensamientos que no la estorben. Cada día, somos bombardeados con toda clase de ideas y de emociones negativas: el odio, el rencor, la ira, la lujuria, la mentira, que piden entrada; pero nuestro pensamiento será la clave para que ingresen o no.

Estoy convencida de que nuestras emociones siguen nuestros pensamientos (en las Escrituras, las palabras originales que se usan, tanto para el pensamiento como para la emoción, son las mismas). Y Filipenses nos da una enseñanza muy pertinente y clara sobre la importancia de esto.

Primero, nos explica que todos nuestros pensamientos deberán ser únicamente sobre *todo lo que es verdadero, todo lo honesto, todo lo justo, todo lo puro, todo lo amable, todo lo que es de buen nombre; si hay virtud alguna, si algo digno de alabanza* (Flp 4:8). Si cumpliésemos al pie de la letra con este mandato, tendrían que cambiar una enorme porción de nuestros pensamientos, ¿no cree? Esta es la clave para que nuestras emociones sigan el camino positivo de la fe. Si desea vivir y experimentar una vida de libertad y de alegría, entonces tendrá que comprometerse a obedecer este mandamiento. De otra manera, siempre estará cayendo en las trampas emocionales que el enemigo extiende ante nosotros, perdiéndose la vida plena y victoriosa que Dios ha designado que tengamos.

Si logramos, con la ayuda del Espíritu Santo, reconocer que nuestro corazón es malo, que debemos ser purificados y lavados por Él; si nos comprometemos a obedecer las palabras que Él nos habla para lograr ser guardados en su completa paz, una paz que sobrepasa todo entendimiento, entonces podremos llegar todos a un mismo sentir. El sentir que deberíamos tener todos (Flp 2:2-11). El autor comienza a describir hermosos atributos como la consolación en Cristo, el consuelo de sentir y dar amor, la comunión con el Espíritu Santo, un afecto que sentimos en las partes más íntimas de nuestro corazón, la misericordia y el amor. Sigue diciendo que todas estas emociones deberían estar experimentándose en comunión con los demás, *unánimes, sintiendo una misma cosa* (2:2).

Qué hermoso sería, ¿no cree?, si todos estuviéramos disciplinando nuestros pensamientos según las indicaciones anteriores, para luego llegar al punto de aun estar pensando lo mismo. Nuestro corazón y mente serían renovados y lavados. No existirían malentendidos ni ofensas porque todos estaríamos pensando lo mismo, llenos de amor, misericordia, consuelo y comunión.

Al ver el pasado a través de estos lentes de la paz de Dios, nuestra perspectiva cambiará; no sentiremos ya dolor porque nuestros pensamientos al respecto serán llenos de lo bueno, lo honesto, lo digno de alabanza.

Permita que Dios establezca estas bases en su vida, para que ésta sea plena y victoriosa. No más un paseo maquiavélico todos los días con nuestras emociones: un momento en la cima de la alegría y otro en el valle de la depresión, o en el desierto del enojo, de los celos y contiendas.

Dios creó nuestras emociones, pero no, para que viviéramos gobernadas por ellas, sino para que disfrutáramos de lo que se podrían designar como los «colores» de la experiencia humana. Me imagino una vida sin emociones como una vida en blanco y negro; ellas pintan sus colores vibrantes y son las que le dan sabor. Pero es esencial que permitamos que el pincel quede en manos de nuestro Gran Pintor y no en las nuestras; pues, si así fuera, aquellos bellos colores no llegarían a formar un hermoso cuadro. Deje que Él tome su pincel y que así controle sus emociones para lograr una creación con sus experiencias, una hermosa pintura de todo lo que Dios ha hecho en su vida. También, que lave aquéllas que, quizá, hayan manchado su cuadro, por falta de enseñanza o por propia voluntad. Permita que los ríos de agua viva purifiquen y hermoseen las emociones de su vida y que, en su lugar, pueda crecer el precioso fruto de su Espíritu: amor, gozo, paz, paciencia, benignidad, fe, mansedumbre, y templanza (Gl 6:22-23). ¿Comprende que esto tiene que ver con nuestras emociones? No deje que ellas, sin su control, echen a perder la hermosura de su vida. El Gran Pintor puede cambiarlas, si se lo permite; puede hacer de ellas colores y formas preciosas que completarán el dibujo que Él está creando de su vida, una emoción a la vez. Por eso, procuremos establecer firmemente las bases de reconocer nuestra necesidad de acercarnos a Dios, de recibir una nueva ley y de obedecerla. Esto nos llevará a vivir en un lugar de paz en nuestros pensamientos y en nuestras emociones, y será una paz que sobrepasa todo entendimiento.

Capítulo 4

Palabras «saladas»

...ni salada con sal...
(Ezequiel 16:4)

Al ir narrando su historia, posiblemente, tenga que enfrentar situaciones dolorosas del pasado y todo lo que le haya faltado en su vida.

Con respecto al relato del nacimiento de la niña, veamos por qué era tan importante, en esa época, el proceso de la sal. La costumbre de frotar con ella a un recién nacido se practicó hasta principios del siglo veinte. Es un agente que elimina muchas bacterias de la piel del niño y previene su reproducción. También sirve para exfoliarla y dejarla suave y tierna como la de todos los bebés.

A través de la Biblia, la sal es símbolo de preservación y de pureza. Hoy en día, tiene algunos otros significados, que se relacionan con el tema de este capítulo. Uno de ellos es que la sal representa gracia y agudeza personal al conversar o en el porte;

y, precisamente, es de nuestras palabras de lo que trataremos a continuación.

Si la sal representa nuestra manera de hablar y los términos que usamos al hacerlo, la niña de nuestra alegoría no recibió el beneficio de palabras sanas y buenas. El libro de los Proverbios nos dice que el poder de la vida y de la muerte se encuentra en la lengua. Las que esta pequeña escuchó, pues, no eran palabras «saladas»; no produjeron vida en ella, sino que, probablemente, siempre fueron de muerte, de desprecio, de enojo y de rechazo. Esta idea impacta mucho mi vida porque soy una persona que tiende a hablar bastante, y me tengo que preguntar si mis palabras están produciendo vida o muerte en los oyentes.

En las narraciones bíblicas, la palabra hablada recibe un lugar de mucha importancia: Dios habló, y se formaron los planetas; Jesús habló, y se calmó la tormenta; nosotros hablamos y recibimos nuestra salvación (1 Jn 1:9). Formamos gran parte de nuestra identidad como personas, a través de las palabras de otros. Ellas también influyen en la autopercepción y en el sentimiento de seguridad.

Si usted nunca recibió algunas «saladitas», si nunca pudo escuchar una palabra de ánimo, de amor, de aceptación, de parte de las personas más allegadas a usted, eso es una parte difícil de su vida, un área donde probablemente existe algo de muerte en usted. Puede decir que no es verdad, pero si permite que el Espíritu Santo traiga a su memoria las palabras que pudieron producir muerte en su corazón, espíritu o emociones, se dará cuenta de que sí le afectaron. Si no permitimos que éstas surjan en la superficie de nuestra conciencia, entonces serán como puertas abiertas por donde el enemigo podrá entrar a lastimarnos e impedir que alcancemos todo lo que Dios tiene por delante. Es preferible pasar unos momentos de incomodidad para vivir toda una vida en sanidad, ¿no cree?

Lo maravilloso de nuestro Dios es que ahora Él llega con su Palabra y nos frota con ella. Las palabras que Él habla a nuestro corazón hacen morir todos los pensamientos tristes, airados, deprimidos que pudiéramos estar experimentando. Ahora, sí, hemos sido saladas con la Palabra de Dios, purificadas y renovadas. Ahora hay algo nuevo que ha sido expuesto por la obra de la Palabra de Dios en nuestro corazón, y cuanto más permitamos esta obra, más seremos capacitados para usar nuestras propias palabras en nuestro beneficio y en el de los demás.

Ya que nuestro corazón y nuestra mente han sido «salados», o sea, purificados, por la Palabra de Dios, ahora tenemos que aplicar el mismo principio a través de nuestras propias bocas. Lo que hablamos tiene mucho efecto en lo que recibimos, vivimos, en cómo nos percibimos a nosotros mismos y nos relacionamos con otras personas. Nuestras palabras también llegan a tener el poder de vida y de muerte.

Hay un relato muy interesante en el libro de 2 Reyes 2:20-22, en el que el profeta Eliseo usó la sal para sanar las aguas malas o amargas que salían de un manantial. La sal representa la Palabra; el manantial, nuestro corazón.

Cuando aplicamos la sal de la Palabra y la presencia de Dios a nuestro corazón, todas las malas aguas —las experiencias negativas del pasado— serán sanadas por el poder de Dios. No hay nada demasiado traumático como para no ser alcanzado por el poder de la «sal» de nuestro Señor.

Es verdad, quizás, usted sufrió mucho daño en su niñez o en su adolescencia porque alguien no aplicó esta «sal» a su vida; pero Dios, ahora, está poniendo en su mano una vasija llena de sal, suficiente como para limpiar cualquier área de su vida. Y las experiencias del pasado vendrán a ser una parte que integra nuestro presente y futuro. ¡Gracias a Dios, por su obra redentora en nuestra vida!

Cuando boca y mente hayan sido purificadas por la Palabra de Dios, entonces seremos capaces de hablar, también, estas mismas palabras a nuestro corazón y a nuestros seres amados. Toda la impureza, todo el dolor, toda la maldad que se puede haber acumulado en nuestra vida han sido limpiados por la

Palabra de Dios (I Jn 1:9). Ahora, daremos de gracia lo que hemos recibido de gracia (Mt 10:8).

Es emocionante saber que mis palabras pueden ser usadas para traer pureza y bendición a mi vida, en lugar de problemas, pleitos, iras, contiendas y maledicencias. Cuando aquélla llega a éste, nos da agua viva (Jn 4:10); no palabras que producen muerte en nosotros, sino sanidad (Sal 107:20), vida, frescura y libertad. En Juan 7:38, habla de los ríos que correrán de nuestro interior. Gracias a Dios, que nunca es demasiado tarde para recibir esta purificación y sanidad.

Creo que una de las tareas más difíciles que debemos realizar para servir a Dios, en estos tiempos, es hablar con las personas con las que estamos en contacto durante el día. Pero me anima el hecho de que Dios pondrá su sal, su gracia, su sabiduría, su consagración y su Palabra en mi boca, para que yo sepa responder con amor, perdón, misericordia, consuelo y ánimo a cada una de las personas, en las diversas situaciones que enfrente durante el día. Colosenses 4:6 nos dice que nuestras palabras siempre deben ser habladas con gracia, sazonadas con sal: *...para que sepáis cómo debéis responder a cada uno.* Dios nos puede guiar en nuestra manera de hablar y de responder a todos, a nuestros colaboradores, a nuestros hijos. ¿Estamos hablando palabras sazonadas con sal y gracia o palabras llenas de veneno y de muerte?

Quiero destacar que, como padres, también es muy importante aprender a dar a nuestros hijos palabras llenas de vida, de bendición, amor, aceptación y apoyo. Es como salarlos, y este proceso los protegerá de tantos elementos dañinos que existen en el mundo, de muchas «bacterias».

A esta niña nunca se le dieron palabras de ánimo y de cariño. Nunca fue frotada su piel con la sal que produciría nueva vida y nuevas células en su piel. De este modo, un bebé crece sin protección ante el peligro en muchas áreas de su vida.

Ahora que usted ha recibido la sanidad que le trae la Palabra de Dios, es su tarea asegurar que su historia no se repita; que sus hijos sean frotados con la salud de las sanas palabras de aceptación, ánimo, perdón y apoyo, que producirán vida en ellos y no, muerte. Ellas los protegerán de los ataques de las bacterias que se pueden acumular en su vida.

Sazonemos nuestras palabras con sal, con la Palabra de Dios.

Capítulo 5

«Fajas» protectoras

...ni fuiste envuelta con fajas
(Ezequiel 16:4d)

En el mundo antiguo, la ropa de un bebé, durante los primeros meses de vida, eran casi exclusivamente las fajas. Después de ser lavados y salados, eran envueltos en un paño que les cubría todo el cuerpo, que era asegurado con ellas. Algunos piensan que esto prevenía que las coyunturas y los huesos se deformaran, ya que impedían el movimiento. Del mismo modo, en este estudio, me gustaría considerar las fajas como una clase de protección que, además de física, puede ser emocional y mental (si no existe, el pequeño está expuesto a daños permanentes en su mente y en sus sentimientos); se podría decir que muchas mujeres han sufrido a causa de la desprotección, siendo niñas, y continúan padeciendo sus consecuencias en la adultez. Quizá, usted se encuentre entre ellas y pueda identificar, en este momento, los efectos de ese descuido.

Los daños —físicos, emocionales y psicológicos— pueden llegar de muchos lados, y un pequeño necesita protección. Los padres, normalmente, cumplen con ella. Si alguien le hace algún daño o lo insulta, ellos son los más indicados para rectificar cualquier situación y defenderlo. Sin embargo, hay algunos que nunca lo hicieron y, como consecuencia, sus hijos sufrieron los daños. Si esto forma una parte de su historia, tiene que narrarlo, como lo hizo con respecto a su rechazo y abandono. Es difícil, porque sentimos cierta lealtad hacia las personas que nos criaron. Yo no estoy hablando de faltarles al respeto ni mucho menos; pero, sí, es necesario poder reconocer e identificar los elementos de nuestra historia que necesitan ser sanados por nuestro Buen Pastor. Él vendrá a aplicar la medicina y a darnos las ropas que nos hacen falta (hablaremos en un próximo capítulo de esto).

La Biblia nos dice que Dios nos toma como una gallina a los pollitos, debajo de sus alas, para protegernos y darnos seguridad ante las influencias externas.

Como padres, creo que esto es muy importante al criar a nuestros hijos. Hoy en día, existen demasiadas maneras en las que pueden recibir algún daño nuestros hijos, y es nuestra responsabilidad ante Dios y la sociedad brindarles la protección que les hace falta. Tenemos que cuidar lo que ven en la televisión, las películas, los amigos que tienen, las personas con las que se relacionan. ¿Se da cuenta de qué importantes somos en este aspecto? Ellos no saben cuáles son los riesgos que conllevan estas cosas; pero nosotros, sí, y si no les brindamos la protección necesaria, somos culpables del descuido y del daño que puedan recibir. Algunos dirán que es bueno criar niños independientes, que piensen por sí mismos, que no hay que sofocarlos; pero yo no estoy de acuerdo: Dios nos ha entregado la responsabilidad de velar por su herencia, que son nuestros hijos y, si no los cuidamos, Él es quien nos pedirá cuentas.

Desde pequeños, deben saber que si tienen algún problema, si necesitan algo, nosotros somos los más indicados para ayudarlos. Tenemos el deber de saber qué están viendo, con quién andan, a dónde van. No es una imposición, es un deber y, de esta manera, también los estamos protegiendo de influencias que ellos no entienden, pero que los podrían afectar profundamente.

Si usted sabe que su hijo está sufriendo alguna clase de abuso, ya sea emocional (por medio de gritos e insultos), físico (golpes o actividad sexual), o mental (por la manipulación o el temor exagerado), es su deber protegerlo y hacer que eso se detenga. Y si usted es el vehículo de ese abuso, de igual manera es su responsabilidad reconocerlo y buscar la ayuda necesaria para abandonarlo. Tenemos que envolver de nuevo a nuestros hijos en las fajas protectoras del amor, la disciplina, la enseñanza y no dejarlos expuestos a los golpes e influencias tan dañinas de este mundo.

La Palabra de Dios es una poderosa faja que mantendrá seguros tanto a usted como a sus hijos. Memorícenla juntos, declárela y ore según ella, sobre sus vidas. La Palabra es lo que derribará todo ataque del enemigo que desea robar lo que ha sido sembrado en sus corazones. Por algo ella dice que si se la enseñamos cuando son pequeños, al crecer, no se apartarán de ella. Su verdad protegerá su vida y su alma.

La oración también es una poderosa y efectiva faja para nuestros hijos. Cubrimos sus vidas con ella y levantamos un vallado a su alrededor. Imagínese que cada oración es otra vuelta de la faja en su corazón, sus emociones, su mente, su cuerpo. La oración del justo puede mucho.

El ejemplo que damos a nuestros hijos también sirve de protección para ellos porque logran ver la realidad de la verdad de Dios y su poder en nuestra vida. Siempre hágalos parte de sus peticiones familiares y también de sus victorias espirituales. Saber que no son lo únicos en lidiar con ciertos problemas y tentaciones es una enorme protección para ellos. Dios es fiel, ha sido fiel y siempre será fiel y si en su vida ha experimentado esa verdad, compártalo con sus hijos. Ellos necesitan ver la Palabra y la oración en acción.

Y lo mejor de estas «fajas» es que nunca se caerán de sus hijos. La Palabra que ha sido sembrada siempre estará allí y, tarde o temprano, dará su fruto. Sus oraciones nunca regresarán vacías a usted. Su vida ejemplar siempre les servirá como modelo de lo que Dios quiere y puede hacer. Estas fajas nunca envejecerán y nunca se desgastarán. Si en su vida nunca disfrutó de ellas, Dios puede restaurar su vida y sanar las heridas. Usted podrá aplicar la Palabra a esas áreas dañadas. Ella nos promete, en Jeremías 33:6, que Él traerá sanidad y medicina y nos curará. También, en Lucas 4:18, Jesús nos dice que Él fue enviado para sanar a los quebrantados de corazón. Su Palabra es viva y eficaz, y producirá la sanidad y protección que usted busca.

Además, podrá poner en práctica la oración, y Dios promete que escuchará desde los cielos y contestará. Jesús dice, en Mateo 21:22, que todo lo que pidiéremos en oración, creyendo, lo recibiremos. Así se sentirá amparado en su vida.

Por último, debe buscar personas que le sirvan de ejemplo de una vida consagrada a Dios, que le puedan enseñar a escuchar con más claridad su voz y su verdad, y de las que pueda aprender lo que significa vivir en fe y gozar de la plenitud de Dios en cada área de la vida. Esto también lo defenderá.

Y ahora, usted podrá colocar firmemente las fajas de protección alrededor de sus hijos: la Palabra, la oración y el ejemplo; y ellos podrán gozar de una libertad del daño que usted posiblemente sufrió. Estarán envueltos en fajas de protección y de gozo, la verdad de la Palabra y el consuelo del Espíritu Santo.

Capítulo 6

Lazos de compasión y misericordia

No hubo ojo que se compadeciese de ti para hacerte algo de esto, teniendo de ti misericordia; sino que fuiste arrojada sobre la faz del campo, con menosprecio de tu vida, en el día que naciste.

(Ezequiel 16:5)

La niña que nació no había sido vestida ni protegida, pero no termina allí su sufrimiento. Un sufrimiento que no tiene ninguna razón, salvo el de haber nacido y no ser deseada. En este versículo observo tres cosas que padeció; pero también, quiero detenerme en cómo Dios llegó a nosotros, los que hemos sufrido lo mismo, y repuso cada uno de los elementos que nos hicieron falta en el pasado.

En el mundo antiguo, la costumbre de tirar a los bebés no deseados en el campo no era desconocida, así que esto era algo que se entendía. Sería parecido a hablar sobre el aborto en la actualidad, que sigue siendo algo común y aceptado, hasta cierto punto, en nuestra sociedad moderna. Si no deseaban un bebé que había nacido, simplemente lo abandonaban en el campo para que muriera de hambre y de frío.

Quizá en algún momento de su vida, en su niñez o su adolescencia, le pasó algo parecido. Quizá usted también fue abandonada por las personas que más hubieran debido suplir sus necesidades; o quizá recibió abuso y daño activo de parte de los que estaban más cerca a usted. *No hubo ojo que se compadeciese de ti para hacerte algo de esto...* Para muchas personas, esta es una verdad demasiado real en su vida. No conocieron la compasión.

Cuando esto sucede, ¿cómo afecta su vida? Creo que podríamos estar de acuerdo al decir que la intención de alguien que abandona una niña en el campo no es buena. La idea es aislamiento y soledad, y los científicos han comprobado, sin lugar a dudas, que sólo esto basta para causar la muerte de un bebé. El niño que no ha logrado formar lazos de amor con sus padres o con alguien significativo crece con muchos problemas físicos, emocionales, mentales y espirituales, por encontrarse completamente aislado y ser vulnerable a los ataques de cualquier persona o animal que lo vea.

Nuestro enemigo mortal, el diablo, tiene este mismo deseo para cada uno de nosotros, como hijos de Dios. Al nacer en la familia de Dios, el peligro más grande que se enfrenta es el aislamiento. Muchos factores pueden producirlo dentro del Cuerpo de Cristo: los pleitos, la falta de perdón, el orgullo, la timidez, pensar que no somos tan buenos o espirituales como los demás, el juzgar a las personas en la iglesia por sus faltas, pensando que nosotros no las tenemos. Vea cómo puede llegar nuestro enemigo para tirarnos en el campo de la soledad, sin compasión. El aislamiento sirve, también, para aumentar el temor que todos tenemos al abandono. Cada uno de nosotros fue creado con una necesidad de compañerismo y de pertenecer a una comunidad. Un bebé, cuando siente que ha sido separado de la persona designada para cuidarlo, llora y manifiesta mucha ansiedad. Esto es una reacción que Dios puso en ellos para asegurarse de que sus necesidades fueran suplidas. Si los padres no responden adecuadamente a este llanto, se lastimarán los lazos que los unen a su hijito, y la ansiedad aumentará. El temor al abandono es una realidad, también, en los adultos; y el que produce una muerte es el mayor.

Si ha experimentado alguna clase de abandono o aislamiento en su vida, probablemente, las relaciones con sus padres, esposo, hijos y familiares también han sido afectadas. Muchas veces, en el intento de llenar ese vacío, ellas son reemplazadas por cosas materiales como una carrera que dé prestigio, trabajo excesivo o —en el peor de los casos— drogas, si no se logra encontrar a alguien con quien crear esos lazos y suplir sus necesidades. Otros reemplazos dañinos son la comida, la adicción sexual, la pornografía, la ira hacia Dios, el enojo, la depresión, la ansiedad y la preocupación. Por eso, al estar supliendo una necesidad profunda y real, son tan difíciles de romper los malos hábitos y las adicciones.

Ninguna gota de misericordia se demostró para la niña de nuestro pasaje, y posiblemente, tampoco la tuvieron con usted. En realidad, al sentir compasión, somos llevados a actuar con misericordia; ésta es la parte activa de aquélla. Ambas van de la mano. Un niño necesita mucha misericordia, mucha acción a favor de él, aun cuando parezca que no la merece. Si es mamá o en algún momento trabajó con niños, sabe que todos precisan demostraciones de paciencia, ante la impaciencia; de disciplina, ante la falta de ella; de amor, ante la expresión de odio. Necesitan comida, abrigo y cuidado, a pesar de su aparente falta de agradecimiento.

Todo esto les demuestra que su vida vale algo, que son importantes para aquellos que los tienen a su cargo, como responsabilidad personal.

El final de este versículo nos demuestra que cuando faltan los dos primeros elementos de la ecuación, lo más seguro es que también falte el último. Estoy hablando del valor que se le da a la vida. La Escritura dice: *fuiste arrojada...con menosprecio de tu vida...* La desvalorización de la vida, que muchas personas sienten, atestigua la verdad de este pasaje. Se podría decir que ésta es la raíz de la falta de compasión y de misericordia. Si no se le da valor a la persona, es lógico que tampoco se tengan estos sentimientos hacia ella. Como dije antes, es como una fórmula matemática: vida - valor = falta de compasión y misericordia. En nuestros tiempos, se da poco valor a la vida humana; esto provoca, en muchos, dicha carencia que, a su vez produce dolor y sufrimiento en otros.

El hombre ha hecho esto, pero quiero que sepa que nuestro Dios ha llegado para contrarrestar cada una de estas situaciones. Si usted ha sufrido, en cualquier área de su vida, a causa de la ecuación negativa, las buenas nuevas son que Dios ha llegado con una nueva fórmula positiva que anula todos los efectos de aquélla. Todo lo ha hecho nuevo. Vamos a ver, uno por uno, sus tres componentes:

Primero tenemos la ausencia de compasión y el aislamiento que esto provoca en la vida de una persona. La palabra original que se usa, en Ezequiel, tiene el sentido de «salvar la vida, de compadecerse de alguien». La niña de este pasaje ha recibido una sentencia de muerte; nosotros también, por nuestros pecados (*la paga del pecado es muerte...*). Sin embargo, Dios nos demuestra otra cosa. Él nos muestra la compasión. Hay gran cantidad de ejemplos bíblicos en los que ella se pone de manifiesto, hacia la humanidad y hacia los individuos. La Biblia nos dice que Dios está lleno de compasión; también los Evangelios, en el Nuevo Testamento, expresan que Jesús la tuvo. Romanos 9:15 nos dice que Él decide sobre quién tendrá misericordia y compasión. (¡Qué bueno, que no es influenciado por la gente y sus emociones ni por su estado moral!) Él quiere mostrarnos su infinita y eterna compasión y misericordia. En el original, hay ocasiones en que estas palabras son intercambiables. La misericordia de Dios es su gracia, su benevolencia, su benignidad. Los Salmos nos hablan mucho de ella; por ejemplo, nos dicen que todos los caminos de Dios son misericordia y verdad (25:10); numerosos versículos se refieren a su grandeza y eternidad, diciendo que es nueva cada mañana. Y uno de mis preferidos (Sal 103:11) dice: *Porque como la altura de los cielos sobre la tierra, engrandeció su misericordia sobre los que le temen.* ¡Imagínese cuánta misericordia se requiere para llegar hasta el cielo! ¡Dios sí que tiene misericordia!

Cuando nadie daba ni un paso para ayudarlo en sus necesidades, Dios llegó desde el cielo con misericordia que es eterna e infinita para rescatarlo. Esto le dice cuánto valor tiene su vida ante Él. (Este tema lo trataremos en el próximo capítulo.)

Así que permita que la realidad de quién es su Dios cancele toda la de su pasado, en que le hicieron sufrir abandono, rechazo, abusos (sexual, mental y físico), quizás, las mismas personas que deberían haberlo amado y protegido, y no suplieron sus necesidades más básicas, destruyendo la relación. Cuando no se le ha mostrado compasión ni misericordia, y su misma vida ha sido devaluada, Dios llega con la autoridad para borrar esas marcas, sanar esas heridas y refutar esas mentiras, diciéndole que su compasión lo ha movido a sanarle y a restaurarle; que su misericordia llena todo el cielo y es eterna, y está enfocada en ayudarle; y que Él entregó a su propio Hijo unigénito a la muerte, para que usted pudiera vivir. De manera que, cuando usted se pregunte si tiene el valor o la importancia suficiente como para merecer que sean suplidas sus necesidades, la respuesta es un rotundo «¡Sí!». Sepa que Dios quiere y puede satisfacer con abundancia cada una de ellas. Permita que su amor por usted produzca la clase de relación que, quizá, nunca ha logrado gozar con nadie. El hombre no puede crear esto, sólo Dios puede hacerlo.

En el próximo capítulo veremos que esa pequeñita que había sido sentenciada a la muerte segura, igual que nosotros, recibe una palabra de vida de parte de su Creador.

Capítulo 7

¡*Vive*!

Y yo pasé junto a ti, y te vi sucia en tus sangres, y cuando estabas en tus sangres te dije: ¡Vive! Sí, te dije, cuando estabas en tus sangres: ¡Vive!

(Ezequiel 16:6)

Nuestra última vista de la pequeña fue de una bebita, tirada en el campo, sin misericordia y sin ayuda. A través de los primeros capítulos hemos recorrido caminos difíciles y tristes. Hemos enfrentado los recuerdos de nuestro pasado y el dolor vivido. Estamos exhaustos, pero hemos logrado grandes avances en este camino que lleva a la sanidad y plenitud que Dios desea para cada una de sus hijas.

Al parecer, la recién nacida había recibido una sentencia de muerte, ya que sin auxilio, seguramente moriría. Quizá, a usted le sucedió lo mismo. La verdad es que todos vamos por el mismo camino. Pero el relato no termina allí.

En el versículo seis, vemos la primera mención de Dios. Ahora, sí, algo sucederá. Dios dice: *Y yo pasé junto a ti...* ¡Qué palabras tan alentadoras! Donde se pensaba que no existía más que nuestra dolorosa existencia, en un campo desierto, llega el Creador mismo, y es seguro que donde Él está se efectuarán cambios.

La tendencia humana es huir cuando nos enfrentamos con algo feo; pero Dios no se va a la otra acera cuando nos ve sufriendo, sino que pasa junto a nosotros. A Dios no le incomoda nuestro dolor, malestar o sufrimiento. El Salmo 34:18 nos lo describe de esta manera: *Cercano está Jehová a los quebrantados de corazón; Y salva a los contritos de espíritu.* El hombre se aleja cuando confronta algo doloroso; Dios, en cambio, se acerca.

El cuadro de un Dios que se pasea entre sus seres creados se repite en más de una ocasión, en la Biblia. En Génesis, nos dice que salía todos los días a pasear por el jardín del Edén. Él siempre llegará hasta el lugar en donde nos encontremos. Dios se paseará por el sitio en que se halle y pasará junto a usted.

Él vio a esta niña sucia en sus sangres. ¿Cuántas veces hemos pasado junto a alguien, sin fijarnos? Seguimos de largo, cada día, fingiendo ignorancia ante situaciones y personas que están «tiradas» —podríamos decir— en la suciedad de su vida, en los problemas que viven, en las experiencias que desean olvidar, en el abuso y daño que sufren. Pero Dios no hace eso porque cuando Él pasa junto a alguien —junto a usted—, lo ve y toma nota de quién es y de cuáles son sus necesidades. No percibe sólo lo que presentamos al mundo, sino la cruda realidad de nuestra situación. Nosotras también estamos sucias en nuestra propia sangre. Dios vio a esta niña, como a usted, sucia en sus sangres. Me quiero detener en la palabra: «vio». En su significado original, lleva consigo la idea de «aprobar de» o «poner su marca sobre» una persona u objeto. En el momento en que Él vio su grave condición, la marcó. ¿Para qué? Lo veremos más delante.

Cuando Dios pone su mirada sobre alguien, primero, lo ve como realmente es y segundo, lo marca para algo. Usted ha sido vista por Dios: Él la aprueba, la acepta tal como la encontró. Pero también ha sido marcada, apartada para algo especial. Dios tiene un plan maravilloso para usted, como para la niña de nuestra alegoría.

La sangre también tiene un simbolismo, en el contexto de este pasaje. La palabra que se usó en el original viene de un término que quiere decir «la sustancia que al ser derramada provoca la muerte» y ésta viene de una raíz que implica «estar atónito» o «quedar sin habla», «detener o hacer perecer». O sea, todo acontecimiento que le haya restado vida, que le haya producido reacciones de estar muda y angustiada, las experiencias del pasado que le han restado dignidad, todas las palabras que la han lastimado y las ocasiones en que ha sido desprotegida representan la sangre que tiene encima. Estas cosas, posiblemente, ni las puede conversar; ha quedado atónita y sin habla.

Pero Dios logra ver la verdadera persona bajo toda esa suciedad. Él no tiene necesidad de que se le digan las circunstancias
en las cuales se ha derramado sobre usted esta sangre porque Él
ya las conoce.

Después de haberla visto, su reacción no fue decirle: «¡Láva-
te esa sangre de encima! ¡Qué vergonzosa, tu situación! ¡Escón-
dete de la vista de todos!» No. Dios pronuncia palabras muy
distintas sobre ella y, también, sobre usted: ...*y cuando estabas en
tus sangres te dije: ¡Vive!* Él no llega con condiciones ni estipulacio-
nes, sino con vida. Estando a punto de morir, Dios manda que
vida sea producida en ella. Quizá, usted también llegó al borde
mismo de la muerte espiritual, emocional, mental o física. Pero
Dios tiene otros planes para usted: ¡Vida!

Antes, lo único que había para ella era rechazo, abandono,
vergüenza, muerte. Nadie se había acercado para brindarle ni la
más mínima ayuda. La sociedad había volteado rápidamente su
rostro, al verla sucia en sus sangres. Pero ahora llega alguien que
está por encima de los hombres, del «qué dirán». Llega el Creador y, donde todos ven muerte, Él declara vida.

No es un accidente de la naturaleza que esta pequeña sobre-
viviera a tantos estragos mortales. Lo hizo porque Dios así lo
ordenó. Tampoco lo es que usted haya sobrevivido a los peligros del abuso, del abandono y del rechazo. Dios declara vida

sobre cada uno de los que hayan superado situaciones semejantes. Ezequiel 37:5 dice que Dios puede producir vida aun de la muerte: *He aquí, yo hago entrar espíritu en vosotros, y viviréis.* En sus momentos de sufrimiento, Dios pasó junto a usted y le dijo que sobreviviría e hizo que entrara vida en su mismo cuerpo. Yo creo que este proceso sucede, incluso, a pesar de nuestra ignorancia o falta de relación personal con Dios. No nos pide permiso, sino que Él hace según sus planes y diseño.

La palabra original de «vive» nos habla de revivir; también, de restaurar, de reparar y de hacer completo o entero algo. Como una manzana a la que se le haya arrancado una parte, o que ha sido dañada, nosotras hemos perdido una parte de nuestra vida, emociones, experiencias. Si de su vida algo ha sido arrancado o dañado, si ha sido lastimada o rechazada, Dios llega y manda que se lleve a cabo su restauración, declara que tiene que revivir.

El hecho de que usted esté viva para contar su historia, de que haya llegado hasta este punto no es casualidad ni error. Usted está aquí por mandato y deseo de Dios mismo. No vive por un accidente de la naturaleza.

Estoy convencida de que la razón por la que tantas mujeres han salido adelante, a pesar de las horripilantes circunstancias de su vida, es que Dios mismo así lo ha ordenado. La mujer ha sufrido, soportado, sobrellevado tanto por toda la historia que sería imposible ignorar el papel que ha jugado el designio y voluntad de Dios en todo ello. Mujer, usted ha sobrevivido porque Dios así lo ordenó. Pero Él desea llevarnos mucho más allá de la simple supervivencia, quiere darnos una vida que nunca nos habíamos imaginado que existiera.

Juan 10:10 dice: *El ladrón no viene sino para hurtar y matar y destruir; yo he venido para que tengan vida, y para que la tengan en abundancia.* Es claro que nosotros contamos con un enemigo mortal que se llama Satanás, y tiene como meta principal robar todo lo que puede haber de bueno en nuestra vida: paz, inocencia, seguridad, sanidad. Desea provocar una muerte física, emocional y mental en todos y ver que todo sea completamente destruido. Juan se refiere a este enemigo como un ladrón. Es una realidad su existencia, pero también es muy real nuestro Dios y los propósitos que Él tiene para cada uno de nosotros.

Dios ha llegado a usted y a mí con vida, no con muerte. La vida que declaró sobre la pequeña es tal que sobrellevará todo el abuso, el rechazo y las malas experiencias que haya vivido hasta este momento. La palabra de vida que Dios habló sobre su vida y corazón también producirá esta misma fortaleza y poder en usted. Aquella virtud es lo que nos levanta durante las noches más oscuras y dolorosas, en los tiempos de mayor soledad y confusión. Las palabras de Dios han retumbado a través de todos los siglos y han causado la supervivencia y prosperidad de las mujeres, en todo el mundo.

¿Pero qué clase de vida es la que se esconde en sus palabras? Juan nos dice que la vida que Él tiene para nosotros es una vida de abundancia y mucha bendición. Después de pronunciar vida sobre la pequeña, ¿qué planes tiene para ella? y ¿cuáles, para usted? Vamos a ver.

Capítulo 8

Una mujer «libre»

Te hice multiplicar como la hierba del campo; y
creciste y te hiciste grande, y llegaste a ser muy
hermosa (...) pero estabas desnuda y descubierta.

(Ezequiel 16:7)

Las últimas palabras del capítulo anterior le dieron un mandato a la niña de supervivencia, de vida. Quizá, usted también lo ha recibido. Ha sobrevivido a muchas circunstancias dañinas y hasta peligrosas en su vida; ha entrado en la oscuridad de las experiencias desagradables y ahora sale a la luz de la vida que Dios le tiene preparado. Aunque haya sido afectada por ellas, no debe sentir culpa por haber sobrevivido, ya que lo hizo debido a la palabra que Dios habló respecto a usted. Algunos experimentan un sentimiento de culpa cuando logran superar las circunstancias de la vida y ven que otros no han tenido la misma oportunidad. En mi opinión, la supervivencia no es algo que sucede al azar o por suerte, sino que Dios mismo la determina en nuestra vida y en nuestras circunstancias. Cuando Él ha dado palabras de vida, la persona no morirá, sino que florecerá, como lo hizo esta pequeñita. En efecto, Dios la hizo crecer y desarrollarse como mujer, y la dotó de hermosura. El sexo femenino ha superado muchísimos obstáculos a través de la historia. La mujer ha sido menospreciada, maltratada y desvalorizada como persona por casi todas las culturas. Era considerada una propiedad, se dudó de su inteligencia, se cuestionó aun si contaba con un alma que necesitaba salvación. Pero Dios había decretado su supervivencia, había declarado vida sobre nosotras, como parte de su preciosa creación, y así fue para todas las mujeres.

Dios no comete errores y, aunque algunos (hombres) han declarado que la creación de la mujer fue una equivocación, no puedo estar de acuerdo con ellos. Dios es omnisciente, por lo tanto, conoce todas las cosas. Sabía que Eva sería engañada por la serpiente; eso no lo sorprendió. Cuando Dios determina el castigo sobre ella, por su desobediencia, también declara la promesa de salvación, que llegará por medio de una mujer (Gn 3:15). De modo que su creación responde al plan de redención de Dios. Y vemos que, en la historia, las mujeres sobrellevaron el abuso, el rechazo, la negatividad y salieron adelante; y fueron de gran importancia en todos los aspectos del desarrollo humano, desempeñándose como maestras, consejeras, reinas, científicas, autoras, madres de muchas generaciones; y es así porque lo ordenó Dios, porque declaró que la mujer sería clave en la historia de la humanidad. Por lo tanto, usted también es una parte decisiva en su historia. Cuando Dios habló palabras de fortaleza a su vida, también fue con el propósito de verla prosperar y crecer, tanto física como emocional y mentalmente. Él vio el potencial que yace en usted y por eso proclamó vigor y aliento sobre usted. No fue por accidente. Si no se lleva nada más de este libro, por favor, llévese esto: El hecho de que usted esté aquí, que haya sobrevivido a todas las situaciones y peligros no es un error y, definitivamente, tampoco una casualidad. Dios tiene un propósito específico para su vida y lo ha declarado desde el momento de su nacimiento. Ha declarado vida, y vida en abundancia sobre su persona. ¿Está dispuesta a vivirla?

La vida abundante que Dios nos ha dado es la libertad que poseemos en Él. Se han levantado muchos movimientos en todo el mundo para la «liberación» de la mujer. Han provocado muchos cambios positivos para miles de mujeres. Como dice nuestro pasaje: *...creciste y te hiciste grande, y llegaste a ser muy hermosa; tus pechos se habían formado, y tu pelo había crecido...* La mujer ha llegado a la madurez física y cuenta con las características que la destacan. Se puede decir que los movimientos políticos han hecho lo mismo para la mujer, pues la han celebrado como tal, le han conseguido los derechos para disfrutar de serlo y, en general, han logrado mejorar su condición. Sin embargo, con todo el aumento de prestigio, poder y aclamación, no ha llegado a ser libre en todo el sentido de la palabra.

Si usted no está viviendo en la libertad que una relación con Jesús le otorga (Gl 5:1), no podrá desarrollar al máximo todo lo que Dios ha depositado en usted. Quizá, sí tenga más dinero, más relaciones amorosas, más halagos, más fama; pero nunca tendrá la satisfacción y la seguridad que una verdadera libertad produce. En las palabras finales del versículo siete se ve confirmada esta idea: ...*pero estaba desnuda y descubierta*. ¡Ah! Aquí percibimos la condición verdadera de su interior y de su corazón.

En cualquier persona, las palabras «desnuda» y «descubierta» producen una sensación de incomodidad, ¿verdad? Lo primero que haría yo, si me encontrara en las mismas condiciones, sería buscar algo —lo que fuera—, para cubrirme. Así que al leer esto, me hago dos preguntas: ¿Por qué sigue desnuda y descubierta? ¿Por qué no se viste de alguna ropa? Estas palabras, por muy sencillas que parezcan, nos revelan una profunda verdad de la condición interior de la joven, igual que nos sucede a nosotros.

No nos gusta reconocer nuestra necesidad, como ya hemos dicho. Preferimos detenernos en la parte que dice que la niña ha crecido, se ha desarrollado y ha llegado a ser muy hermosa. Sin embargo, Dios no la deja allí. Vuelve a destacar la verdad de su desnudez y de su vergüenza. Es fácil sentirnos orgullosas por nuestros avances y por el progreso de nuestra vida. Hemos logrado ser más independientes y tenemos más poder y reconocimiento, pero ¿cómo estamos por dentro? ¿Nos sentimos realmente contentas y completas? Probablemente, usted responda que sí, pero Dios revela la verdadera condición de nuestro corazón. En Apocalipsis 3:17, dice lo siguiente: *Porque tú dices: Yo soy rico, y me he enriquecido, y de ninguna cosa tengo necesidad; y no sabes que tú eres un desventurado, miserable, pobre, ciego y **desnudo*** (énfasis de la autora) ¿Comprende que es una tendencia humana el pensar que no precisamos ayuda ni cambio? ¿No se nos ha enseñado ser independientes, sin necesidad de nada ni de nadie? ¿No llegamos a despreciar lo débil y necesitado? Decimos que todo está bien por nuestra apariencia, por el éxito que hemos tenido; sin embargo, ¿cómo estamos por dentro? No queremos admitir nuestra necesidad, nuestra desnudez y vulnerabilidad; pero la verdad de ello no cambia.

En los tiempos del Antiguo Testamento, el uso de la ropa se observa por primera vez en el libro de Génesis 3:7-21, cuando Adán y Eva se escondieron, después de haber pecado por desobedecer, comiendo del fruto del árbol. Dios los manda vestirse y les provee ropa. Así que, se puede suponer que la desnudez se asocia con el pecado y con la vergüenza que éste produce. Los niños, durante esta época de la historia, no vestían ropa hasta llegar a la pubertad. En nuestro verso, es obvio que la niña ha llegado a madurez física, por eso es que se ve con necesidad de ropa. En esa sociedad, que una persona no tuviera ropa era señal de falta de posición y de valor. Era muy vergonzoso que un adulto saliera en público sin la ropa apropiada.

Si la falta de ropa puede representar el pecado en nuestra vida, entonces, según la carta a los Romanos, todos estamos espiritualmente desnudos a causa de nuestro pecado. Así que, por mucho éxito personal que haya logrado uno como mujer, su vida o cuerpo espiritual sigue estando descubierto y desnudo. Continúa con una necesidad profunda y abrumadora de un Salvador, con el gran vacío que la falta de cobertura produce en nuestra vida; y la cobertura, o sea la ropa, proviene de un solo lugar: Dios y nuestra relación con Él.

Esto me lleva de nuevo a mis preguntas. Si uno sabe que necesita vestido, ¿por qué no se viste? En la repuesta vemos el dilema con el que siempre ha luchado la humanidad: ¿Por qué sigo haciendo lo malo, cuando sé que no lo debo hacer? Se trata del engaño que el enemigo ha practicado en nosotros, desde el Jardín de Edén. Las palabras que usó con Eva representan lo que siempre habló a la mujer: *...sino que sabe Dios que el día que comáis de él, serán abiertos vuestro ojos, y seréis como Dios, sabiendo el bien* *y el mal* (Gn 3:5). Ser como Dios es la tentación que tenemos como humanos. No nos gusta pensar que hay cosas que nunca podremos saber, y nos es difícil confiar en que Dios no tiene malas aspiraciones para nosotros, sino que siempre desea lo mejor. Por esta razón, seguimos desnudas y descubiertas. Pensamos que conseguiremos un conocimiento prohibido y deseado, al seguir en nuestro engaño y sin obedecer lo que Dios nos ha mandado. Buscamos vestirnos por nosotras mismas, borrar nuestra propia vergüenza, ser autosuficientes.

Dios ha mandado que tengamos vida, pero la vida que Él desea darnos no es una vida llena de pena y vergüenza, sino de gozo y de paz. Posiblemente ha superado innumerables cosas y ha llegado muy lejos en su vida, en muchas áreas; sin embargo, Dios nos revela que nuestra verdadera condición es una de vergüenza y de desnudez, de pena y angustia, sin esperanza y llena de dolor. No nos vestimos porque no contamos con las ropas indicadas para cubrir nuestro sufrimiento. Hemos intentado cubrirnos nuestra desnudez con cosas materiales, relaciones personales, amor ilícito, riquezas; pero si somos honestas, ellas no lo lograron, y, en cambio, no removieron esas emociones de nuestra vida.

Las buenas nuevas son que no ha terminado nuestra historia. En el próximo capítulo veremos lo que puede suceder si decidimos reconocer nuestra necesidad de ropa. Si hemos vivido por mucho tiempo en nuestra condición pecaminosa, podemos pensar que ahora comenzaremos todo de nuevo y que se obrará un cambio completo en nuestro punto de vista y en nuestro estado de ánimo. Veamos cómo es que esta mujer recibe su vestido después de haber logrado madurez física, y también nos enteraremos de cómo ser vestidas nosotras y liberadas del dolor, la humillación, la vergüenza del pasado. Veremos cómo podemos llegar a ser mujeres verdaderamente libres.

Capítulo 9

Tiempo de amores

Y pasé otra vez junto a tí, y te miré, y he aquí que tu
tiempo era tiempo de amores; y extendí mi manto
sobre tí, y cubrí tu desnudez; y te di juramento y entré
en pacto contigo, dice Jehová el Señor, y fuiste mía.

(Ezequiel 16:8)

Como progresó la historia de la vida de nuestra niña, también nosotras lo hicimos en el proceso de sanidad que Dios ha querido mostrarnos. Nuestros recuerdos no siempre fueron placenteros, pero pudimos seguir adelante por la necesidad de saber quiénes somos y de dónde venimos, y de ser vivificadas por las palabras del Señor. Entendemos que si sobrevivimos, no fue por haberlo deseado o por nuestra propia fuerza, sino por la voluntad de Dios.

Después de haber transcurrido bastante tiempo, de nuevo, Dios pasa junto a ella. La ve, la reconoce y sabe la condición de su alma, igual que lo hace con nosotras: Sabe dónde nos encontramos y cuál es nuestro estado físico, emocional y espiritual. No hay cosa que pueda ser escondida de Dios ni de su presencia, cuando pasa junto a nosotros. Y en esta ocasión, no solamente se acerca a la niña, sino que fija su mirada en la mujer. Muchos cambios hubo en ella desde la última vez que Dios pasó a su lado; pero, aun así, sabe exactamente quién es. Usted, posiblemente, no se parezca a la jovencita o a la niña que fue, años atrás. Quizá, no la reconozcan sus seres queridos por los estragos de los daños que haya sufrido; ni usted misma, porque ahora, sus actitudes, deseos, palabras y acciones son tan distintas a las de la persona que antes era. Sin embargo, Dios siempre la reconocerá, siempre sabrá quién es usted, realmente. Dios pasa por donde se encuentra y no da vuelta la cara para no ver su triste condición, sino que la mira de frente. Y, al hacerlo, sabe quién es usted, recuerda todos los planes que Él tiene para su vida y las promesas que le ha dado.

Cuando Dios mira a la mujer de nuestra alegoría, sabe en qué momento de su vida se encuentra. La Biblia nos dice que Dios conoce los tiempos del hombre, o sea, sabe en qué época de la vida nos encontramos; cuáles son nuestras necesidades, angustias, pruebas, tentaciones y luchas en este preciso momento. Conoce nuestros tiempos, y están en sus manos (Sal 31:15). No podemos fingir con Dios. Él sabe nuestra necesidad aun antes que nosotros y llega en el momento indicado para establecer algo con usted, así como lo hizo con esta mujer. Éste es un momento trascendental para ella, en el que todo puede cambiar, o, también, puede quedarse exactamente como está. Es un momento que exige una respuesta, alguna clase de acción. No nos podemos quedar pasivos ante él. Si para usted ha llegado un tiempo trascendental como éste, tiene que tomar una decisión, que, probablemente, no se relacione con hacer, decir o pensar algo o no, sino con tomar el camino que la llevará a la sanidad o quedarse en el que la conduce a continuar con el dolor. Es cuando debe decidir, y algo tiene que cambiar.

Para la mujer del relato ha llegado su momento trascendental. Ahora es el «tiempo de amores» y, con estas palabras, comienza un cambio radical en la narración.

En el original, la palabra *eth* o tiempo, significa, entre otras cosas, 'el tiempo indicado para el cumplimiento de algún evento único, que nunca más será repetido'. Tiene que ver con un momento anticipado. La palabra que designa «tiempo», en griego, es *kairos* e implica que se ha llegado hasta un punto en el que cierta acción es requerida. Posiblemente, el momento no sea el más conveniente o el que se haya planeado, pero sí, es el indicado por Dios. Es aquél que nunca más lograremos hacer que regrese. Estos momentos los trae Dios a nuestra vida para provocar un una decisión y un cambio. No siempre nos resulta oportuno, y no entendemos por qué llega cuando lo hace; pero, sí, podemos comprender que los tiempos de Dios no son los nuestros (Is 55:8). Este es el momento en el que lo predestinado se hace una realidad de nuestro presente.

¿Nunca lo experimentó? Creo que a todos nos llegan, y quizás, aun le puede haber llegado a través de este libro. Un momento que no planeamos, pero que, cuando llega, sabemos que es el indicado para tomar cierta decisión que alterará para siempre nuestra manera de pensar, sentir y vivir. Es aquél en que todo lo creído y pensado cae a un costado del camino de la realidad, y tenemos que encontrar otra para nuestra vida: Dios.

Desde su nacimiento, Dios había predestinado este momento de encuentro para ella, que nunca había estado consciente de la existencia divina; sin embargo, ahora se ve con la necesidad de responder a la realidad de quién es Él. Desde su infancia repleta de abandono y rechazo, Dios había decidido que la vida de esta niña sería abundante y que, en algún momento muy especial de su historia, Él llegaría de nuevo a ella y obraría cambios emocionantes y radicales. Este era su «tiempo de amores».

«Amores», en hebreo, significa «amar»; pero también es la palabra que se usaba para referirse a algún ser muy querido, familiar o pariente muy cercano y amado (esto será significativo más delante).

Cuando Dios percibió que la mujer estaba preparada para entrar en un tiempo de amores, hizo algo que para nosotros, actualmente, no tiene mucho significado: Extendió su manto sobre ella y cubrió su desnudez.

Permítame explicar lo que era la «redención levita» en el Antiguo Testamento, y lo significativo de extender un manto sobre la mujer y cubrir su desnudez. La Ley dictaba que, si un hombre moría sin haber dejado heredero, sus parientes más cercanos tenían la responsabilidad de tomar la esposa del difunto y engendrar hijos en su nombre. De igual manera, si se había vendido alguna propiedad suya, estaban obligados a comprarla de nuevo y restaurar o «redimir» todas las pertenencias que serían parte de la heredad a su viuda y de su linaje. En el libro de Rut, se encuentra un ejemplo muy claro de la redención por un pariente y de lo importante que sería, para las viudas, hijas y madres del hombre que moría sin bienes ni herederos.

Cuando Rut solicita a Booz que la tome debajo de su ala (Rut 3:9), le está pidiendo que extienda su manto sobre ella. Él promete redimirla. El desplegar la capa simbolizaba las intenciones del pariente de cuidarla y de suplir cada una de sus necesidades. Aquí quiero retroceder a la frase que mencioné antes: *era tiempo de amores*. El hecho de que esta palabra, *amores*, también significa 'un ser querido o un pariente cercano' es importante, pues no cualquiera podía redimir a una mujer, sino que era un derecho de esas personas.

Por lo tanto, así como Booz era un pariente cercano de Rut y de Noemí, Dios también llena este requisito y por eso puede extender su manto sobre ella y redimirla de su triste estado. ¡Qué maravilloso cuadro! Una mujer que ha sido abusada, abandonada, olvidada, sin esperanza de ver un cambio en su situación, de repente, es confrontada con la realidad de un pariente que puede y quiere redimirla. Es su tiempo de amores, pero ¿accederá a ser redimida? Es como un cuento infantil cuando llega algún príncipe para rescatar a la doncella. Podría ser el sueño de toda niña en triste estado.

Dios dice: ...*extendí mi manto sobre ti*... Él llega precisamente cuando la mujer necesitaba hacer algo con su vida y tener un cambio radical; y, sin titubear, se compromete a cuidarla y protegerla. Extiende su manto sobre ella. En Salmo 42:9, nos dice que el manto de Dios es de gozo y de alegría. Cuando Dios promete hacer algo por usted, también lo sentirá. Él es un Dios alegre, y su deseo es que nosotros también disfrutemos de este aspecto de su personalidad, por medio de experimentar su obra a nuestro favor.

Bueno, el manto, símbolo de las intenciones de Dios hacia esta mujer, se extiende, y, con él, cubre su desnudez. Al usar esta palabra «cubrir», está indicando más que simplemente colocarle algo de ropa. Cubrir significa que ahora toda falta, toda deuda, todo pecado que pudiera tener la mujer, es completamente removido. Cuando Dios llega con la promesa redentora, también trae la de perdón. Todo el pasado oscuro de su prometida es borrado completamente de su vida.

Ahora todo ha sido cubierto y perdonado; esto produce gozo. La Biblia describe esta experiencia como «nacer de nuevo». Llega a ser una persona absolutamente nueva, y su pasado ya no existe para su Novio ni tampoco deberá existir para ella. ¡Nunca más serán recordados los pecados en su contra! Su pasado fue redimido por completo y nunca más será tomado en su contra; es una criatura nueva.

Junto con este perdón, llega, también, el juramento del pacto, que se daba como una promesa irrevocable y se confirmaba; la persona aseguraba que haría fielmente y sin falta lo que había prometido; y esto incluía el hecho de no hacerle ningún daño a su pareja, o a la otra parte del pacto. Dios da un juramento y entra en pacto con la mujer de nuestra alegoría. Es una promesa que nunca romperá, un pacto que nunca se olvidará (Sal 89:34).

Ahora, como dice, en 1 Pedro 2:9, es pueblo adquirido por Dios. Le pertenece a Él y ha entrado en pacto con Él. Termina este verso con unas palabras muy conmovedoras y poderosas: ...*fuiste mía*. La niña que había nacido en circunstancias tan tristes y había crecido sin protección ni provisión, ahora tiene al Dios de todo el universo como su Redentor, el que ha prometido perdonar todas sus deudas y pecados, y suplir cada una de sus necesidades para siempre. No está más desnuda; ahora ha sido cubierta con el manto de gozo y de paz; ahora le pertenece a alguien y tiene un lugar en este mundo, un destino.

Cada una de nosotras llegará, en su vida, al «tiempo de amores». Entonces es cuando decidimos entrar en relación con Dios, momento clave para nuestra vida física y espiritual que nunca se podrá repetir, en el que decidiremos tomar el camino de paz y de sanidad o el que nos llevará a más dolor, tristeza, vacío y oscuridad. Dios llega con una oferta que nos traerá tantos beneficios que casi es imposible no acceder, aunque tenemos la libertad de rehusarla. Todas debemos tomar la decisión de ser redimidas por nuestro Novio o seguir viviendo desnudas y desprotegidas.

Yo sé que Dios está deseoso de que tomemos el camino que nos lleva a Él, y cuando llega a nuestra vida el momento de decisión y aceptamos la oferta de un Dios amoroso y bondadoso, también todo nuestro pasado es redimido, toda deuda es pagada y todo pecado es perdonado. Ya no pertenecemos a los sueños rotos de nuestra niñez ni somos atados por las palabras y actos dolorosos, ahora podemos atrevernos a verlos hechos realidad; somos libres para ser las personas que Él ha diseñado y nos lanzaremos a imaginar mejores sueños para nuestra vida, los que Él ha tenido también. ¡Ahora somos de Dios! Veamos qué tiene esta nueva vida para nosotros.

Capítulo 10

La mujer de Sus sueños

Te lavé con agua, y lavé tus sangres de
encima de ti…

(Ezequiel 16:9a)

Se escucha con frecuencia: «Somos de Dios». Es algo que se dice con facilidad, y en muchas ocasiones, sin detenerse a pensar lo que realmente significa para nosotros. ¿Qué beneficios me trae el pertenecerle a Dios? ¿De qué manera cambia mi vida el tener pacto con Él?

Todos somos personas con una gran necesidad en nuestra vida. Hemos venido viendo que carecemos de muchas cosas. Usted tendrá que completar la lista de las que le hayan faltado, pero creo que la mayoría de nuestras listas tendrían alguna semejanza con las carencias de esta mujer: familia que la ame, enseñanza y formación moral y espiritual, protección física y emocional, ropa y comida, limpieza moral y física, para comenzar la lista. ¿Pero ahora, qué? Dios le ha dicho: *Eres mía*. Veamos cómo está por cambiar por completo todo el presente, el futuro y aun el pasado de la novia con esas dos palabras, aparentemente sencillas, que Dios le ha hablado y que ella ha creído.

Dios siempre comienza por el principio. Nunca, por el final. Casi nunca nos deja ver el producto final de su obra en nuestra vida, sino solamente los pasos que siguen. Para ella, comienza con la necesidad más obvia: Su limpieza. Así que, higieniza a su amada con agua. Es un cuadro verdaderamente tierno: un esposo lavando, con cuidado, a su esposa que está casi irreconocible por toda la suciedad que lleva encima. Muchos han pasado por alto a esta mujer porque sólo veían a alguien sucio en sus propias sangres, sin ropas y sin esperanza; pero Dios había visto su potencial de llegar a ser algo muy diferente: la mujer de sus sueños. Por eso la limpió.

A lo largo de toda la Biblia, este concepto de ser lavados no es desconocido. En 1 Corintios 6:11 dice: ...*mas ya habéis sido lavados, ya habéis sido santificados, ya habéis sido justificados en el nombre del Señor Jesús, y por el Espíritu de nuestro Dios.* Isaías también nos habla de un tiempo *cuando el Señor lave las inmundicias* (Is 4:4).

Dios quita la sangre y la inmundicia que tenemos encima. La sangre representa nuestro pecado, nuestra muerte espiritual. Cuando entramos en pacto y relación con Dios, eso tiene que cambiar. Mi sangre, mis deseos, mis obras, mis palabras, mi vida siempre producirán muerte. Efesios 2:1b dice así: *...cuando estabais muertos en vuestros delitos y pecados...* Todas sufrimos esta clase de muerte, estuvimos sucias con la propia sangre. Sin embargo, la primera parte del verso nos dice esto: *Y él os dio vida a vosotros...* Estando muertos, Dios nos dio vida. Siendo aún pecadores, Cristo murió por nosotros. Llega con su agua y nos lava de toda inmundicia.

El agua de Dios es su Palabra. Juan 15:3 dice: *Ya vosotros estáis limpios por la palabra que os he hablado.* También, Efesios 5:26 nos dice que somos purificados por la palabra. La Palabra de Dios es la fuerza sobrenatural que llegará con limpieza, pureza y santidad a nuestra vida llena de pecado y de sangre. Es la fuerza de Dios para producir vida, donde antes había sólo muerte; santidad, donde antes sólo había pecado y separación de Dios; justicia, donde antes sólo moraba la injusticia de la humanidad pecaminosa.

Juan nos dice que la máxima manifestación de la Palabra de Dios fue Jesús. Él llegó a esta tierra como la expresión misma de Dios y habló del amor de Dios hacia nosotros y, al hacerlo, extendió sus manos en la cruz y murió. La Palabra habló perdón, amor y vida eterna, a través de su propia sangre que fue derramada por nosotros. Apocalipsis 1:5b dice: *Al que nos amó, y nos lavó de nuestros pecados con su sangre...* En 1 Juan 1:7 también nos dice: *...la sangre de Jesucristo su Hijo nos limpia...* Nuestra sangre produce muerte y separación de Dios; pero la de Cristo, vida y perdón del pecado y restauración de nuestra relación con Él.

Al estudiar este proceso del lavamiento y cómo Dios limpió a su novia, puedo percibir dos etapas del proceso. La primera, en la que somos lavadas con la bendición, provisión y vida eterna de Dios, es una obra necesaria para comenzar a ver los cambios que Dios tiene pensados para todos nosotros. El agua, muy frecuentemente, es símbolo de sus bendiciones y de un refrigerio espiritual. Jeremías describe a Jehová como «la fuente de agua viva» (2:13). En el Nuevo Testamento, el agua se asocia con la vida eterna, o sea, la máxima bendición de Dios hacia el hombre —sin olvidar la doctrina que se encuentra en lugares como Efesios 5:26, Hebreos 10:22, donde predomina el agua como la sustancia en la que seremos bautizados para recibir limpieza y el perdón del los pecados. Así que, durante esta primera etapa de lavamiento, podríamos decir que nuestros ojos espirituales son abiertos a todo lo que Dios tiene para nosotros; nuestra fe crece al oír y recibir la Palabra de su Hijo.

Pero eso no es todo, porque viene otra clase de agua, y no es la dulce y tierna obra que recibimos al principio; es más poderosa, más abundante, más profunda. No viene este segundo lavamiento sin que hayamos permitido el primero. Si no vimos lo que Dios puede hacer en nosotros, no confiaremos en Él lo suficiente como para sumergirnos en el torrente de agua que desea mandar para cambiarnos desde nuestro interior. Él quiere llegar con una vida nueva, un carácter nuevo, una personalidad nueva. Quizá usted piense que existen áreas de su vida que son como las piedras, comos las montañas, y que nunca lograrán ser cambiadas. Lugares donde la ofensa, la falta de perdón, el rechazo, el dolor se fueron acumulando y llegaron a abarcar una gran parte de su persona. Parece que su interior se ha endurecido a tal grado que todo es como la piedra. Aparentemente, en estas áreas, la tierna y dulce mano de Dios no tendrá ningún efecto. Pero la corriente de este segundo lavamiento puede con cualquier montaña que haya en su vida. Percibimos este lavamiento en la segunda parte del verso 9: *...y te lavé tus sangres de encima de ti...* La palabra «lavé» que se usó en el original es distinta a la que se utilizó en la parte anterior del versículo. Es un término que significa «inundar abundante y completamente, lavar o remover». No nos describe aquí una leve lavadita con una toalla húmeda. No, esto nos habla de un torrente de agua que remueve todo lo que puede haber en su camino. El otro lugar donde puedo encontrar esta misma palabra, en el original, es en Job 14:19: *Las piedras se desgastan con el agua impetuosa, que se lleva el polvo de la tierra...*

La corriente que producirá la segunda ronda de lavamiento es violenta y llega de parte de Dios para lavar de nuestra vida no sólo las sangres, sino también, cualquier estrago permanente que hayan producido en nuestra persona. No hay cosa demasiado grande, fea, fuerte o mala que pueda resistir este torrente de agua viva. No existe nada en su pasado, en su presente o en su futuro que pueda resistir el cambio que provocará esta agua. ¡Gracias a Dios! Todas las influencias de mi niñez, los pecados de mi presente, las heridas de mi pasado, el rencor y odio, nada quedará intacto, ante esta cascada. ¡Todo será lavado, todo será hecho nuevo!

Quiero hacer hincapié en la idea de la corrosión de las piedras que se menciona en Job. Cuando el agua actúa, no siempre las deshace de un día para otro. La obra de Dios en nuestra vida tampoco es rápida. Dios nos sigue moldeando, removiendo cosas y actitudes, a lo largo de nuestra vida. Es un proceso. Nosotros, en ocasiones, desearíamos que la completara de una sola vez; pero Dios sabe que eso, probablemente, nos destruiría. Su plan es cambiar, no deshacer. Así que, cuando siente la mano poderosa de Dios sobre su vida, el inmenso torrente que llega a lavarla, recuerde, que lo está haciendo para producir bendición, crecimiento y madurez, no destrucción.

Áreas que al paso del tiempo han llegado a ser lugares ásperos y duros, ahora serán desgastadas y lavadas por su agua. Eso me da mucha esperanza, porque saber que no hay nada difícil para Dios es motivo de regocijo. Él cuenta con el poder necesario para ablandar y deshacer esas áreas heridas y deformes. Puede hacer algo nuevo donde antes sólo había tormento y angustia; de las cenizas, algo hermoso y crear un corazón nuevo dentro de cada uno de nosotros.

Ahora, le vuelvo a hacer la misma pregunta del comienzo: ¿Qué beneficio hay en pertenecerle a Dios? Somos lavadas, perdonadas y restauradas por el lavamiento de nuestro tierno y poderoso Padre celestial. Su Palabra tiene poder sobre cualquier efecto o fortaleza que pudiera existir en nuestra vida; nada resistirá el torrente impetuoso de su agua, cuando llega a lavarnos de nuestras sangres; como las piedras, se vuelven polvo ante la corriente poderosa de Dios. Estos son grandes beneficios, que deseo y necesito.

Recuerde que cuando llega Dios a nuestra vida, no ve lo mismo que todos los demás: Una mujer rechazada o inútil, alguien duro y sin compasión. No. Él ve la mujer de sus sueños, lavada de sus sangres, limpia, pura, justificada y restaurada; que cree lo que Él le promete, que confía en su Novio para traer cambios drásticos y buenos a su vida. Cuando Dios nos encuentra, no nos dejará igual y no recordará en nuestra contra la condición en la que nos encontró. Dejemos que Él nos lave.

Capítulo 11

El aceite del Espíritu Santo

...y te ungí con aceite.

(Ezequiel 16:9b)

Ser lavada por su esposo no es el último paso en la transformación de la novia. El agua ha llegado a erradicar completamente todo el pasado y sus efectos sobre cuerpo y alma. La suciedad del pecado ha sido lavada con la preciosa sangre de Cristo, y ahora es una criatura nueva. Sin embargo, Dios no la deja en esa condición porque aún no ha terminado con ella, así como no ha terminado con nosotros. Uno podría pensar: «Bueno, ya ha entrado en relación con Dios. Él ha llegado y la ha rescatado del mal y la perversión de su pasado. Ha removido por completo las señas de su dolor y rechazo. ¿Qué más queda?» Es muy fácil conformarnos con una lavadita, ¿verdad? Nos contentamos con lo superficial que Dios hace en nuestra vida y en nuestro corazón, pero no hemos visto todo lo que podríamos, con respecto a lo que Él quiere hacer en nosotros y desea darnos. Falta que Él termine su obra de redención en nosotros.

Nuestro pasaje continúa diciendo que, después de haberla lavado con agua, Dios ungió con aceite a su novia. Para nosotros esto no tiene mucho significado. Pero para las personas de aquel tiempo, la unción de aceite connotaba un proceso muy importante.

En primer lugar, la idea de «ungir» implica algo que ha sido derramado y frotado por todo el cuerpo. No se trata de unas gotitas derramadas sobre su frente o sus manos; no. Es una unción que abarca y, por ende, afecta, todo su cuerpo. Llega, en forma precisa, a cada rincón de su ser, y ningún lugar es pasado por alto. Así mismo, la obra de Dios es detallada y completa. Nunca deja las cosas a medias, si le permitimos actuar en nosotras. Él quiere ungir con su aceite fresco cada área de su vida y de su cuerpo: relaciones, salud, familia, ministerio, finanzas.

Las únicas personas que podrán detenerlo somos nosotras. Tenemos que reposar bajo la mano de Dios y permitir que Él nos unja con aceite. Esto es tarea difícil —lo sé— porque, como mujeres, nos gusta ser las que hacemos todo. «Yo puedo sola. Siempre me las arreglé por mí misma y no necesito ayuda ahora». Pero Dios quiere que descansemos en sus brazos porque desea ungirnos con su aceite, llevar el bálsamo de su Espíritu a los lugares en los que nosotras no podremos producir ningún cambio con nuestras propias fuerzas.

El aceite puede simbolizar muchas facetas de la obra del Espíritu Santo en nosotros. Me gustaría mencionar algunas: Marcos 6:13 nos dice que los enfermos eran ungidos con aceite, antes de orar por su sanidad. Santiago 5:14 también dice: ...*oren por él, ungiéndole con aceite en el nombre del Señor...*, al enseñar cómo debe uno orar por los enfermos. Cuando estamos débiles físicamente, el aceite es señal de la obra sanadora del Espíritu en nuestro cuerpo. El aceite también se usaba como parte del proceso de curación de heridas.

En Lucas 10:34, encontramos la parábola del Buen Samaritano que, al ver al hombre lastimado: ...*vendó sus heridas, echándoles aceite y vino...* El aceite tiene, pues, un papel importante en la curación de heridas.

Si fuimos dañadas y rechazadas por el mundo, las cicatrices son reales y profundas. Posiblemente hayan pasado años desde su experiencia, y todavía no ha logrado sanarse. Quizá, nunca se han borrado de su mente las palabras despreciativas oídas acerca de su persona. Pero Dios llega con el aceite de su Espíritu, que trae sanidad, y unge su corazón con él. Permita que llegue hasta lo más profundo de su ser, hasta las heridas más escondidas de su corazón, porque tiene poder para sanar y restaurar las áreas más afectadas de su vida.

En Isaías 1:6, dice así: *...no están curadas, ni vendadas, ni suavizadas con aceite.* Este verso describe otra tarea muy importante: la de suavizar. En ocasiones, para lograr recibir todo el beneficio sanador de la obra de Dios, primero hace falta ablandar las áreas ásperas o duras de nuestra vida. Tal vez, no pueda perdonar a los que la hayan lastimado y no logra ver su error; no alcanza a percibir que la mano de Dios está obrando a su favor y no, en su contra. Entonces, Él puede mandar el aceite de su Espíritu y aplicarlo a esas áreas para suavizarlas, y así lograr que las dudas desaparezcan, las preguntas cesen, el odio huya y, en su lugar, surja amor, perdón y redención de Dios.

Este es un paso sumamente importante en nuestro camino hacia la posición que Dios tiene para cada una de nosotras. En este momento, podrá decidir no aceptar que el aceite la unja; permitirlo, solamente, en ciertas áreas de su vida; y Dios respetará su determinación; pero, si es así, no llegará a disfrutar plenamente de todos los dones, del ministerio y del gozo que Él tiene planeados para usted.

Estos tiempos de unción son tiempos de enseñanza y de crecimiento. Puede ser un proceso que dure bastante tiempo y, normalmente, no sucederá de un día para otro. Dios no tiene prisa, y Él irá exponiendo, una por una, cada área que necesita la unción de su aceite. Cuando son expuestas, nosotros tenemos que tomar la decisión de permitir que Dios las unja con su aceite o de no querer ni acordarnos de ellas, porque la memoria misma provoca demasiado dolor y angustia. Son momentos difíciles; pero si hemos logrado entender que Dios desea sólo hacernos bien, entonces podremos confiar en que Dios aplicará su aceite —su gracia, perdón y amor—, y esto nos traerá bendición. Yo estoy convencida de que todos pasamos por tiempos de unción, de sanidad, de restauración, y son parte de lo que Dios tiene planeado para nosotros. Son los tiempos de apartarnos al desierto, de quietud en nuestro espíritu, en los que podremos percibir la voz de Dios y ver su mano que señala algún área necesitada de su unción.

No se frustre. No piense que Dios olvidó su llamado ni el sueño que desde hace años espera ver cumplido. No. Siga sometida bajo la mano poderosa de Dios, y cuando sea el momento indicado, llegará a tomar el lugar que Dios tiene para usted y será instrumento de salvación y de bendición para muchas personas.

Por último, le quiero decir que cuando permitimos que el aceite de Dios sea vertido sobre nuestra vida, recibimos otro beneficio más: la enseñanza. En 1 Juan 2:27 dice algo muy poderoso: *...así como la unción misma os enseña todas las cosas...* También, esa unción será nuestro maestro, si estamos atentos a la voz del Espíritu Santo.

Imagínese que Dios está poniendo dentro de usted todo lo necesario para la vida y para la piedad. Si no entiende o si necesita algo, la unción de su aceite se lo enseñará. No existe más la excusa de «No sé. No puedo». No lo digo de manera arrogante, pero sí para ayudarnos a vernos como Él nos ve. Somos mujeres llenas de la unción que Dios puso en nosotros, y Él mismo nos irá enseñando y encaminando en toda verdad y sabiduría.

Podría mencionar a David y los años que pasó huyendo de Saúl, después de haber sido ungido rey de Israel. Pasó mucho tiempo en el desierto; sin embargo, fue crucial en su formación como el rey más importante de Israel. Durante esos años, fue cambiado su carácter; la unción de Dios suavizó su temperamento y su pensamiento, y le enseñó su camino.

También, el apóstol Pablo fue tratado por el Espíritu Santo. Los tres años que estuvo en Arabia y Damasco antes de emprender su ministerio (Gl 1:17-18) fueron los tiempos que Dios utilizó para ir removiendo asperezas, ideas equivocadas, heridas del alma; y, después, lo lanzó al ministerio que le tenía preparado. Estos tiempos de unción son cruciales —si deseamos ser todo lo que Dios quiere— porque sin ella no podremos hacer nada. Es cuando permitimos que el aceite suavice y cambie nuestro carácter; quizá, sentimos una profunda soledad al pasar por estos tiempos, pero son necesarios, para lograr el potencial que Dios ha puesto en cada uno.

En I Juan 2:27, al final del versículo, dice que debemos permanecer en la unción. Usted puede no hacerlo y «tomar un trapito» para limpiarse el aceite o removerlo, antes de que haya completado su obra. Dios nos dio libre albedrío, lo cual significa que en cualquier momento podemos terminar esta relación. Cada día debemos tomar la decisión de seguir con la unción, la enseñanza, y la sanidad; o de vivir un día que producirá más angustia, más ofensa, más odio.

¡No se quite la unción! ¡No se lave el aceite! Permita que fluya por todo su ser. Atraviese los momentos de soledad con la seguridad de que su Novio no la ha dejado y de que terminará la obra que está comenzando en usted. Deje que su ser tenga riqueza y prosperidad; y cuando haya cumplido con su tiempo de aprendizaje, vendrá el momento de vestir todos los dones increíbles que Dios tiene para su esposa.

Capítulo 12

Vestidos nuevos

Y te vestí de bordado, te calcé de tejón,
te ceñí de lino y te cubrí de seda.

(Ezequiel 16:10)

El Novio ha preparado nuestro cuerpo para recibir lo que resta de nuestra nueva vestimenta. Nos lavó, nos purificó y nos ungió con aceite. Removió toda culpa de nuestra mente y vida y nos lavó con su Palabra viva y eficaz. Después, puso el aceite de su Espíritu Santo sobre nosotras para suavizar, sanar y restaurar mente, espíritu y cuerpo. Ahora estamos preparadas para recibir la vestimenta que el esposo preparó para su novia.

Cada frase del pasaje nos ayudará a descubrir la importancia y el significado de lo que nos quiere enseñar la Palabra.

Primero dice: *te vestí*. Este verbo se usa bastante, con el sentido de ser envueltos por algo. Seremos cubiertas con lo que Dios tiene para nosotras. En otras ocasiones, la Biblia nos habla de nuestra necesidad de vestirnos de ciertas características espirituales (Ro 13:14); pero aquí recibimos la obra de Dios, nos preparamos para que haga su voluntad en nosotras. La novia no escoge su atuendo, sino que el Novio está colocando sobre ella lo que Él sabe que se le verá mejor.

Por ejemplo, en Isaías 61:10 nos dice: *Dios…me vistió con vestiduras de salvación, me rodeó de manto de justicia, como a novio me atavió…* Estas son ropas que han sido especialmente elaboradas para la que las recibe, por las que Dios pagó un alto precio (la vida misma de su Hijo). Él invirtió toda la eternidad en crearlas. Mandó a su Hijo unigénito para poner los últimos toques, por medio de su muerte y el derramamiento de su sangre. Ella le puso el color final a nuestras ropas. Dios preparó todo minuciosamente para disfrutar este momento con nosotras.

Las vestiduras de bordado que el Novio nos coloca son una indicación del valor que da a la relación con su novia. Son ropas finas y elaboradas. Las ropas sacerdotales, por ejemplo, también eran bordadas y simbolizaban el oficio y la posición de la persona que las portaba. En efecto, el bordado estaba en vestiduras delicadas y caras; señalaba la importancia y la riqueza de sus dueños. El Salmo 45:13-14 lo confirma, al decir: *…hija del rey…de brocado de oro es su vestido…* Dios la levantó y colocó en una posición importante y valiosa. Cuando estaba todavía desnuda y sucia, la novia no se veía como una persona capaz de entablar una relación con un Dios Todopoderoso; pero Él se encargó de buscarla, y ahora que se efectuaron todos los cambios en su persona, puede recibir la imagen que su Novio tiene de ella, y será reflejada en las ropas reales que Él está colocando sobre sus hombros.

Cuando logramos entender que nuestro exterior, ahora, comenzará a reflejar nuestro interior, la forma de pensar sobre nosotras mismas se verá obligada a cambiar. Ya no nos podremos ver como aquella mujer abandonada y desnuda, sino como la novia del Dios Altísimo, y Él trajo a nosotras las señales de nuestra posición. La ropa es una parte importante de nuestro autoimagen. Cuando nos hemos arreglado y peinado, nuestra confianza es elevada. Aun nuestro porte cambia. Lo exterior, comúnmente, refleja el interior; pero también es verdad lo opuesto. Cuando sabe que se ve bien, cambian sus pensamientos y sus acciones, ¿verdad?

Cuando es envuelta en la salvación y la justicia, que son las ropas que Dios le viene a dar, está tomando, finalmente, la identidad que Dios siempre quiso darle. Ahora se puede ver como Él la ve. Esta nueva identidad como una hija de Dios y como una mujer vestida con las vestiduras de Dios provocará un profundo cambio en usted y comenzará no sólo a pensar de otra manera, sino también, a actuar distinto.

Sus ideas y conversaciones internas ya no podrán ser: «No sirvo para nada. Nadie me quiere. Nunca lograré los sueños que hay en mi corazón. Ellos nunca se fijarán en mí porque no tengo nada de valor para ofrecerles». Ahora, será así: «Yo soy hija del rey. Él me ha vestido de realeza y riqueza, de importancia y valor. Él se tomó el tiempo para elaborar mi salvación y colocarla sobre mis hombros. Debo ser alguien importante para Dios y por eso puedo también tener importancia para los demás». Una hija del rey, una princesa, camina, habla y piensa de modo distinto a las demás.

Proverbios 31:25 nos dice que estas vestiduras, también, son fuerza y honor para nosotras. Tener puestas la salvación y la justicia de Dios no la hará sentirse débil. Creo que hay gente que piensa, equivocadamente, que cuando entramos en relación con Dios, lo único que ella produce es debilidad y la falta de libertad. Pero yo puedo ver que nada está más lejos de la verdad.

Cuando puede captar que es envuelta en la salvación que Dios obró y que es protegida por el manto de su justicia, logra entender que ahora goza de mayor fuerza y libertad que antes. Ya no se tiene que preocupar por complacer a todos, porque su enfoque está en agradar a su Novio. Ya no debe luchar con sus propias fuerzas para salir adelante en la vida ni para recibir el respeto que se le debe, porque tiene un Novio que la ha elevado a una posición de importancia y le está brindando respeto y amor. Esta vestidura produce fuerza y honor para su vida.

Es fuerte ante la adversidad porque sabe quién la ha envuelto en su salvación. Su honor y respeto crecen porque las personas ven el carácter de Dios en usted; no, el de una mujer desprotegida y caída. Estas ropas le proporcionan la fuerza necesaria para cumplir con la tarea que Él le dará y el honor de ser una mujer que cumple con su destino divino.

Dios no llegó a usted con algo que la apocará. Su deseo no es esconderla en un lugar oscuro y que nunca más salga. No. Él desea envolverla de tal manera en su nueva identidad que pueda reconocer que Él le ha dado la fuerza para ser la mujer de sus sueños y ha removido de sobre de usted toda la vergüenza y el rechazo de su pasado. Él la vistió con ropas bordadas.

Ahora, también, le cubre los pies: *...te calcé de tejón...*

En los tiempos bíblicos, el calzado tenía un significado simbólico: el de ocupación o propiedad. Cuando se hacía una venta, el dueño se sacaba el zapato y se lo daba al comprador, y eso significaba que la propiedad pasaba a ser de éste.

Dios les promete a los israelitas que todo lugar que pisara la planta de sus pies llegaría a ser suyo. Los zapatos simbolizaban dominio o autoridad sobre alguna cosa o persona. Por ese motivo, en Génesis 3:15, cuando dice que la serpiente herirá a la mujer en su calcañar —o sea, en su pie— significa que Satanás la atacó en el lugar de su autoridad. Históricamente, la mujer ha salido del orden establecido por Dios en el Edén. Esto produjo una vulnerabilidad en ella que no existiría si hubiera tenido intacta la autoridad sobre ella. Y, por otra parte, en muchas ocasiones, el poder que tiene no es según la voluntad de Dios y también la hace vulnerable al maltrato; y las personas que más deberían protegerla la desamparan. Pero la promesa dice que la mujer, con su pie, herirá de muerte, en la cabeza, a la serpiente, al enemigo que ha producido mucho de lo que ahora le causa angustia. En algún momento, su Novio le proporcionará un calzado especial que le dará el poder necesario para dañarlo; descalza, no lo lograría. Cuando entramos en relación con Dios, Él coloca este calzado sobre nuestros pies. Según dice el versículo, estaría hecho con la piel de una especie de antílope. Éstos eran animales limpios y exhibían gran seguridad y velocidad en las rocosas montañas del Medio Oriente. Dios nos ha calzado con algo que nos dará seguridad, autoridad y dominio, y nos hará veloces. Todas son cualidades admirables y deseables, ¿verdad?

En estos tiempos, nuestras vidas avanzan muy rápidamente. Todo parece estar en aceleración, y nos parece que no podremos terminar la tarea que tenemos por hacer. Nos sentimos desprotegidas y vulnerables. Entran la duda y el temor, y pensamientos como: «No tendremos la sabiduría para criar a nuestros hijos; no contaremos con las habilidades necesarias para sobrevivir; somos incapaces de cumplir con nuestro destino». Pero Dios llega y le proporciona algo que le ayudará a saltar los montes, cruzar los ríos y subir la peña: su calzado. Efesios 6:15 lo dice de otra manera: ...*calzados vuestros pies con el apresto del evangelio de la paz.*

Dios le da la habilidad de traer paz y seguridad a su situación. Es lo que necesita para sobrellevar cualquier prueba y sentirse fuerte y protegida de los ataques de nuestro enemigo y contando con la autoridad para contraatacarlo. Esa es nuestra primera línea de defensa.

Después de recibir nuestro calzado, sigue otra parte de nuestro vestuario. Dice: ...*te ceñí de lino*... «Ceñir» es una palabra que nos habla de una faja, que era de lino. Éste era un material muy especial, blanco y resplandeciente, como el que se menciona en Apocalipsis 19:8. La esposa del Cordero recibe vestidos de esa fina tela, que representa la justicia de los santos. El lino simbolizaba la humanidad que ha sido justificada. Dios vino para envolvernos con su justicia, con su salvación.

Figuradamente, «ceñir» se refiere a gobernar y sanar. La esposa recibió las atenciones de su marido. Ahora, Él tiene el derecho de guiarla. Al ser ceñida, ella prometió obedecer la voz de su Señor. La voz que le dará guía no será la suya, sino la de su Novio.

Efesios 6:14 también nos habla de ser rodeados de la verdad, que es su Palabra. Tenemos que tomarla y envolvernos con ella, que contiene la verdadera identidad de Dios y nuestra. Cuando nos ceñimos con la Palabra, ningún dardo del enemigo nos podrá dañar. La verdad nos protegerá de las mentiras que él dice para desanimarnos y arruinarnos. Su plan es y será siempre el de matar, robar y destruir. Cuando llegue con condenación, estaremos seguras, en el conocimiento de que nuestra justicia es de Dios.

El Salmo 18:32 dice que Él nos ciñe de poder. Tenemos la fuerza para rechazar a Satanás. La verdad es que usted es una hija de Dios, que es acepta en el Amado, que todo lo que pertenece a la vida y a la piedad la envolverá, y no llegarán a usted los dardos de fuego, de duda, de condena, de subestima.

El lino —que representa la justicia de los santos— ceñirá, también, el entendimiento, las emociones y el cuerpo. Ahora, lo que gobierna en nuestra vida es la ley de la vida en Cristo Jesús. Nos sometemos a Él, creemos lo que nos dice, y el resplandor del lino fino nos envolverá. Se podría decir que esta ropa y el calzado de tejón la protegen en cada área de su vida y le brindan el poder de salir a la ofensiva contra su enemigo.

Pero hay otra tela que simboliza su acción de salir y de desempeñarse en su nueva posición de autoridad: la seda. El esposo, ahora, la cubre con seda (...*te cubrí de seda*). Esta tela era —y sigue siendo— muy deseada, por su combinación de hermosura, versatilidad y fuerza. Al parecer, es algo muy delicado, pero exhibe una asombrosa fuerza cuando es puesta a prueba. A causa de la dificultad para producir seda en grandes cantidades, ésta llegó a simbolizar riqueza y realeza, ya que las personas de esta clase eran las únicas que la podían usar.

El esposo cubre a su amada con seda, y con ella la protege con realeza y riqueza. Las personas ya no la verán como alguien común o inferior, sino a través de ese velo con el que su marido la tapó. Isaías usa la misma palabra, cuando dice que *Dios...me cubrió con la sombra de su mano.* La mano de Dios ha venido a escudar a su amada.

El término original para «seda» también tiene otro significado relevante. *Méshi* proviene de la palabra *masha,* que denota «sacar» (literal o figuradamente). Cuando se usaba este vocablo, el cuadro mental era de algo que fue sacado de algún otro lugar, igual que la seda, cubierta con el capullo, es removida de él; así, el marido tapó a su esposa hasta que sea el tiempo oportuno. Preparó a su amada, pero todavía falta para llegar al paso final cuando la «sacará», y todo el mundo apreciará su verdadero valor y hermosura. Lo precioso de este cuadro se revela cuando lo personalizamos: ¡Dios la está cubriendo con la sombra de su mano, hasta que llegue el momento de revelarla a todo el mundo!

La preparación no se puede ni se debe apresurar. Todo tiene que progresar según la voluntad y el tiempo de Dios. No podemos nosotras salirnos del capullo antes, porque nos expondremos a toda clase de problemas. Lo que tiene tiempo definido para elaborarse se echa a perder, si aquél no se respeta. No se ponga impaciente, Dios sabe por qué tienen que pasar todas las cosas que están pasando en su vida. ¡Quién sabe, podría ser la mano de Dios protegiéndola y cubriéndola de seda! Le están colocando los últimos toques de carácter y hermosura para que salga a cumplir con su destino, según el plan divino.

La esposa recibió autoridad espiritual y protección de los ataques del enemigo. Podrá caminar con seguridad y agilidad por el camino de su vida. El Espíritu de Dios la envolvió, fue ceñida con la verdad de su salvación y nueva posición, y se ha sometido gustosamente al señorío de su esposo porque su Ley es justa y buena. Sus vestidos resplandecen con la justicia y la verdad de su Palabra. Y, por último, Dios la ha escondido, la ha cubierto con seda. Ella se mantendrá guardada hasta el momento en que Dios decide revelarla como la persona transformada que ahora es. Entonces todos podrán ver la realeza y la riqueza que son parte de su identidad. Llegará muy pronto el tiempo de tomar su lugar al lado de su esposo, pero aún hace falta recibir algo muy importante y hermoso.

Capítulo 13

Joyas de gran valor

Te atavié con adornos, y puse brazaletes en tus brazos y
collar a tu cuello. Puse joyas en tu nariz,
y zarcillos en tus orejas, y una hermosa
diadema en tu cabeza.

(Ezequiel 16:11-12)

No conozco a ninguna mujer a la que no le gusten las joyas. Es uno de los regalos más preciados que puede recibir. Ellas pueden transformar a una mujer común en alguien muy especial; de la vestimenta más sencilla, pueden hacer algo digno de una reina. Le regalan hermosura y vista a todo lo que tocan.

El Novio ahora llega a una de las últimas partes de su obra a favor de su novia: la joyería. Al estudiar más profundamente este verso, me intrigó ver cómo la Biblia da otros significados simbólicos a las joyas, además de los conocidos que son el amor, la identidad y la relación.

Dios le va colocando ahora los adornos: los brazaletes y el collar. Me centraré en la frase donde habla de los zarcillos y la diadema.

En Proverbios 20:15, dice: *...mas los labios prudentes son joya preciosa*. A Dios siempre le interesa nuestro corazón, nuestro carácter, aún más que nuestra apariencia. Él quiere que seamos personas hermosas tanto por dentro como por fuera, y nuestra boca es uno de los elementos que puede restarnos o añadirnos belleza. Las palabras que salen de ella son tan importantes porque pueden ser de mucho valor y bendición para otros. El deseo de Dios es colocar joyas en nuestra persona, y una de ellas son labios prudentes y sabios. Con ellos, reflejaremos su carácter y su palabra a un mundo lleno de oscuridad y de temor. El control de la lengua es lo que les da esas virtudes. La Biblia nos enseña mucho sobre él, para que no causemos daño con palabras imprudentes, y destaca la bendición que pueden traer las sabias. Proverbios 16:24 dice: *Panal de miel son los dichos suaves; suavidad al alma y medicina para los huesos.* ¡Imagínese! Las palabras de nuestra boca pueden producir vida o muerte en los oyentes (Pr 18:21); pueden avivar un corazón abatido o beberle la vida; ser como golpes o como medicina (Pr 12:18); ser como un bálsamo o infligir más daño y dolor; como árbol de vida o quebrantar los espíritus (Pr 15:4); pueden causar que una persona siga adelante o hacerla desear la muerte. Las palabras son una parte esencial de nuestra identidad y una de las evidencias de nuestro cambio. Son una expresión externa de la obra interna del Novio.

¡Con razón, a Dios le interesa tanto que nuestros labios sean gobernados por sus dichos y su Ley! Tienen mucho poder. Isaías lo explica así: *Jehová el Señor me dio lengua de sabios, para saber hablar palabras al cansado...* Nuestra tarea es traer ánimo, descanso, medicina, suavidad a los cansados, por medio de nuestras palabras. Existen muchas personas que fueron golpeadas, cuyo espíritu fue quebrantado por labios necios e injustos; pero ahora nuestra tarea, como hijas de Dios, como su novia, es traer medicina a sus huesos y descanso a sus almas.

Dios desea colocar sus joyas en nuestras bocas, sus palabras en nuestra lengua. Ellas son sabias, prudentes y dadoras de vida porque son las palabras de Dios. Cuando Él las ponga en nosotras, debemos estar dispuestas a hablarlas.

La siguiente joya que coloca el Novio sobre su amada son los zarcillos, anillos de oro, en sus orejas. De nuevo, me sorprendió el simbolismo que encontré al estudiar este elemento del vestuario nupcial. En Proverbios 25:12, encontramos un pasaje que dice: *Como zarcillo de oro y joyel de oro fino es el que reprende al sabio que tiene oído dócil* (RV1960). Otra versión lo dice de esta manera: *Como anillo...de oro fino son los regaños del sabio en oídos atentos* (NVI). ¿Qué quiere decir esto? La persona que escucha con atención los regaños del sabio recibirá zarcillos de oro. En otras palabras, la característica que Dios desea colocar en nuestra vida es la de un espíritu enseñable. Necesita que seamos hijas dispuestas a oír sus consejos y también sus regaños, porque son para nuestro provecho. Éstos son descriptos como anillos de oro, pero sólo si están colgando de oídos dóciles o atentos. Dios nos enseña y, en ocasiones, nos regaña. Y aunque pueda ser difícil escucharla, su corrección produce vida y más sabiduría (Pr 9:9). Si nuestro espíritu no está abierto a la voz de Dios y a los cambios que Él quiere producir en nuestro carácter, es como si rechazáramos el regalo de anillos que nos está ofreciendo.

En nuestra generación, la corrección o el regaño se percibe como algo que se debe evitar a toda costa. Sin embargo, en la Biblia nos dice algo completamente opuesto. Salmos 94:12 dice: *Bienaventurado el hombre a quien tú, JAH, corriges, Y en tu ley lo instruyes.* ¿Ve qué distinta interpretación? La corrección no es algo para evitar, sino que se puede tomar como una prueba de la bendición y del favor de Dios en nuestra vida. En Job 5:17, se repite la misma idea: *...bienaventurado es el hombre a quien Dios castiga.* Somos bendecidos cuando Dios llega a nuestra vida para corregir alguna actitud errónea. Es señal de su favor. Ya no consideremos indeseable la corrección, sino como algo que, si lo tenemos en cuenta, puede producir una mayor hermosura en nuestro carácter. Véalo como el regalo de más zarcillos, más anillos, más favor, de parte de su Novio. Si logramos cambiar nuestra mentalidad al respecto, podremos recibir mucha bendición, muchos zarcillos o anillos de oro, al exhibir un espíritu enseñable. No nos pongamos duros ni cerremos nuestros oídos a lo que Dios está hablando a nuestro corazón. Aun al leer estas palabras, algunas de ustedes, posiblemente, estén diciendo: «Yo no quiero recibir regaños de nadie y mucho menos, de Dios». Pues me atrevo a decirle que si no tiene un espíritu enseñable, unos oídos atentos, no podrá recibir toda la bendición y la enseñanza que Dios tiene para usted. Él desea darle más, pero tiene que tener oídos que escuchen con atención su voz.

Permitamos que Dios nos coloque cuantas joyas guste sobre nosotras. Seamos enseñables, tengamos los oídos dóciles y atentos a las palabras de nuestro Novio.

La última parte de nuestro vestuario es una hermosa diadema. La corona o diadema nos habla, obviamente, de realeza. Ya hemos estudiado cómo nuestra posición cambia al entrar en relación con Dios. Él coloca sobre nosotras su identidad y su realeza, y remueve la pena y la vergüenza de nuestro pasado. Somos hijas del Rey; princesas de Dios; novia del Novio.

Isaías 28:5 nos dice algo muy poderoso: *En aquel día Jehová de los ejércitos será por corona de gloria y diadema de hermosura al remanente de su pueblo.* Nuevamente, las joyas que está colocando sobre nosotras son producidas por la persona misma de Dios. Está poniéndonos todos los aspectos de su carácter. Él mismo es nuestra corona. En otro lugar, dice que Él es nuestra gloria y el que levanta nuestra cabeza. ¡Gracias a Dios, por su obra en nosotras! Gracias, porque Él nos llena de gloria y de honor.

En I Pedro 5:4 nos habla lo mismo: *Y cuando aparezca el Príncipe de los pastores, vosotros recibiréis la corona incorruptible de gloria.* Nuestro príncipe regresará algún día por nosotros, y en ese momento recibiremos la máxima expresión de su persona: su gloria. Nos dice la Palabra que Él no la comparte con nadie, pero a nosotros nos regalará una corona de su gloria. Somos importantes para Él, y podemos ser receptores de toda la bendición del cielo, incluyendo su gloria misma.

Lo que nuestro Novio coloca sobre nosotras no es algo gravoso o pesado, sino que traerá más hermosura y carácter a nuestra vida; elevará nuestro valor. Y todo esto tiene un propósito: poder servir y bendecir a los demás. Tenemos que dar de gracia lo que hemos recibido de gracia. Tenemos que dar de sabiduría lo que hemos recibido de sabiduría; dar de enseñanza lo que hemos recibido de enseñanza; dar de gloria lo que hemos recibido de gloria.

Cuando nuestro Novio haya terminado de ponernos estos atavíos, nuestra tarea será aprender a usarlos bien y cuidar lo Él ha invertido en cada uno de nosotros. Aunque la Biblia nos dice que sus dones son sin arrepentimiento, o sea, que no nos quitará algo que nos ha regalado, aclara que nosotros podemos perderlo o desperdiciarlo. Apocalipsis 2:25 dice: ...*pero lo que tenéis, retenedlo hasta que yo venga.* Es necesario que cuide y conserve las joyas que Dios ha colocado sobre usted, que son su carácter y su gloria. Así como lo haríamos con algún regalo importante que alguien nos entregara, guardemos todo lo que Dios nos dio.

El enemigo quiere llegar y remover todo esto que recibimos y colocar algo completamente opuesto. Si Dios nos dio sabiduría para dar palabras de gracia y de ánimo, querrá poner las de murmuración, queja y quebranto en nuestra boca. Si Dios nos dio un espíritu dócil, pretenderá que seamos orgullosos y de cerviz dura, para no ver ni escuchar lo que Dios trate de enseñarnos. Si Dios ha colocado su símbolo de realeza, de gloria y de justicia sobre nuestra cabeza, querrá hacernos sentir condenadas, fracasadas e indignas. Creo que Apocalipsis 3:11 lo dice más claramente: ...*retén lo que tienes, para que ninguno tome tu corona.* Esto implica un esfuerzo de nuestra parte. Significa que no nos podremos dar por vencidas en el primer instante de conflicto. Tenemos que perseverar en la lucha contra el enemigo para retener hasta el fin todos los dones de Dios. Debemos conservar lo que aprendimos de nuestro Maestro para utilizarlo en los momentos de necesidad. Cuando a alguien le hace falta escuchar una palabra de sabiduría, nosotras somos las que debemos darla. Cuando recibamos una corrección sabia, nuestros oídos deberán estar atentos a ella. Recuerde que la gloria de Dios está sobre nuestra cabeza cuando llega la tentación de sentirnos inferiores o incapaces para realizar la tarea que Él nos encomendó. Retengamos con fervor y pasión las joyas, los zarcillos, la corona que nuestro Novio nos regaló, y así llegaremos a las alturas que Él preparó para cada una de nosotras.

Capítulo 14

Prosperadas para reinar

Así fuiste adornada de oro y de plata, y tu vestido era
de lino fino, seda y bordado; comiste flor de harina de
trigo, miel, y aceite; y fuiste hermoseada en extremo,
prosperaste hasta llegar a reinar.

(Ezequiel 16:13)

La novia ha recibido todo de su Novio. El último toque de la corona sobre su cabeza ha sido colocado, y ahora es tiempo de proseguir. En el versículo 13, se hace una pequeña recopilación de todo lo que recibió hasta la fecha, y la lista no es corta. Ella fue adornada con joyas y materiales costosos. Lo que el Novio le ha puesto no es de segunda clase, sino que es de lo mejor. Dios nunca nos dará algo de poco valor. Sus dones y promesas siempre serán para producir algo mejor. Su deseo es vernos portar todo lo que Él prometió, en toda su plenitud y en todo su esplendor.

Su vestido también se ha hecho de las mejores telas y materiales: el lino fino, la seda y el bordado. La novia sabe que no son ropas que, simplemente, se escogieron para ella, sino que se elaboraron especialmente para ella. Son una indicación del amor de su Novio y de su interés en su apariencia. Dios ha preparado algo especial y único para cada persona. Él nos trata a todos como individuos y suple cada necesidad, según su conocimiento de nosotros. Nunca le dará a una de sus hijas los restos o las sobras de lo que le haya dado a otro. Él diseña con cuidado y amor cada detalle de lo que nos da. Ahora sólo falta que nos lo pongamos.

La comida que el Novio ha preparado también es deliciosa y fina. Su provisión no es escasa ni medrada, sino rica y saludable. Nunca faltará pan ni fuerza en la mesa de su novia.

Todo esto es un recordatorio de lo que Él hizo en su novia y por ella.

Nunca olvidemos la obra de Dios a nuestro favor. Recordemos sus grandes maravillas, su inmenso amor y su misericordia para con nosotros. Lo importante siempre vale la pena que se repita, y así debemos hacerlo, en cada oportunidad; dar testimonio de lo que nuestro Novio hizo porque nadie deberá olvidar el precio que pagó para suplir cada una de nuestras necesidades.

Ahora llegamos a la última frase de este verso: . . .*y prosperaste hasta reinar.* A través de toda la Escritura, podemos ver que Dios siempre tiene un propósito al bendecir y prosperar a su pueblo: la bendición de otros. Tenemos que dar de gracia lo que hemos recibido de gracia, y este principio es una verdad esencial en nuestra relación con nuestro Novio. Su designio no es vernos repletos de regalos y dones, y nunca repartirlos con otras personas necesitadas. Al contrario, su deseo siempre fue darnos y ver que lo compartamos con otros.

Logramos ver qué es lo que el Novio había planeado para su novia desde el principio: Llevarla hasta el reinado. Pero no es una posición fácil de obtener ni una tarea fácil de cumplir. Por eso me interesó tanto el significado original de la palabra «prosperaste». Su sentido, aquí, es de 'ser empujado hacia delante'. ¡Es tan cierto esto!, ¿verdad? Dios coloca tantas cosas en nuestras vidas, nos sana de tantas heridas, nos hace personas enteras y sanas, y, luego, nos prospera; o sea, nos empuja hacia delante.

He oído decir que Dios es un Dios progresivo. Estoy convencida de la verdad de esa declaración. Él siempre nos lleva hacia delante, nos madura, nos hace crecer, nos empuja y estira. El cristianismo que haya llegado a estancarse será un cristianismo al borde de la muerte. Dios no se detiene ni permite que sus hijos lo hagan. Nos impulsa siempre hacia cosas mayores y mejores. Podemos encontrar varios ejemplos de esto en la Biblia, pero sólo quiero mencionar dos: Ester y Gedeón.

La historia de Ester siempre me ha fascinado porque es la clásica, al estilo de la Cenicienta: una mujer pobre y sin proyectos impresionantes para su futuro que llega a ocupar un lugar de importancia. Creo que todas, de niñas, hemos soñado con algo semejante, ¿verdad? Que algún día llegaría nuestro príncipe para llevarnos a gozar riquezas y privilegios indecibles. Y así pasó para Ester. Sin embargo, así como cada una de nosotras, ella enfrenta una decisión muy difícil. Tiene la oportunidad de ayudar a su pueblo, pero le podría costar su vida. ¿Qué debe hacer? Su tío le da las palabras que la ayudan: *¿Y quién sabe si para esta hora has llegado al reino?* (Ester 4:14). De nuevo, encontramos este tema recurrente de haber recibido bendición para luego darla a los demás.

Estaba dispuesta a dar hasta su vida para cumplir con el propósito de Dios para ella. Había prosperado hasta reinar. Dios la empujó hacia delante, la llevó hasta ser reina de la nación más poderosa de su tiempo, y ahora era el momento de hacer la tarea que había sido puesta ante ella. ¿Qué decidió? Siempre habrá una decisión. Ella pudo haberse negado a hacer algo tan importante y peligroso. Mardoqueo le dijo que podía decir que no, y Dios levantaría a otro para salvar a su pueblo. Sin embargo, ella era la más indicada y la que Dios había escogido. ¿Qué hubiéramos decidido nosotras? No es fácil estar dispuesta a morir por una causa, por muy justa que sea.

Ester se había preparado durante más de un año para llegar al lugar del reinado. Todo lo que había vivido como una extranjera en un país lejano: la muerte de sus padres, el favor que se le mostró en la casa del rey, y el amor mismo de éste habían servido para colocarla en el lugar preciso, en el momento preciso. Ella era la más indicada, aunque no era una tarea fácil; pero Dios le dio sabiduría y favor con el rey, y la salvación del pueblo de Dios se vio de una manera gloriosa.

Dios la preparó para estar en el lugar donde se encuentra ahora. La mandó a la escuela espiritual, emocional y física para crear en usted la habilidad de cumplir con sus propósitos para su vida. En el momento indicado, Él la impulsará y prosperará; usted puede rehusar seguir con el plan de Dios o recibir su prosperidad y continuar hacia la meta, hacia la tarea que sólo usted puede cumplir en este mundo.

Cualquiera que sea su ocupación (madre, maestra, ministra, esposa), puede contar con el favor y la gracia de Dios sobre usted. Él le dará todo lo necesario para cumplirla exitosamente. Otro personaje de la Biblia que fue prosperado, sin buscarlo, es Gedeón. Él era el menor de una familia de poca importancia, que formaba parte de una tribu pequeña. En Jueces 6, encontramos una alusión a él poco prometedora, debido a que lo describe como un joven escondido en un lagar, sacudiendo trigo.

El pueblo de Israel estaba sufriendo mucho, en manos de los madianitas, durante esta época; pero había llegado el momento de un cambio, y Dios había encontrado el hombre para llevarlo a cabo: Gedeón. El ángel de Jehová se le aparece en el lagar, y son interesantes las palabras que usa para describirlo. Le dice: *Jehová está contigo, varón esforzado y valiente* (Jue 6:12). Esto es como para que Gedeón (y quien lo lea) piense que se había equivocado de hombre. Él sigue diciendo que duda realmente que Dios esté con ellos, debido a lo que han venido sufriendo por tantos años. (Se parece a nuestra novia, ¿no cree?) Sí, habían sufrido mucho bajo los madianitas, pero el momento de libertad había llegado, y Gedeón, igual que Ester, tuvo que tomar la decisión de cumplir con su destino o no. Dudó de su habilidad (... *¿con qué salvaré yo a Israel?*), pero Dios le sigue hablando palabras afirmativas: *Ve con esta tu fuerza, y salvarás a Israel de la mano de los madianitas.*

Ese sentimiento de no tener lo necesario para cumplir con una tarea difícil es conocido por muchas de nosotras. ¡Nos resulta tan difícil vernos como Dios nos ve! Nos consideramos personas abandonadas por Dios, sin las herramientas necesarias, como una nada; sin embargo, Él nos ve como mujeres fuertes, esforzadas y valientes. ¿Le creeremos?

Gedeón también tuvo que tomar esa decisión, y después de titubear por un tiempo, pudo asimilar lo que Dios quería hacer a través de él. En efecto, vemos un enorme cambio en él cuando leemos sus palabras. En Jueces 7:17, tiene una conversación con los soldados que ahora está dirigiendo: *Miradme a mí, y haced como hago yo...haréis vosotros como hago yo.* ¡Tanto había modificado su opinión de sí mismo que ahora cuenta con la confianza y la seguridad de decirles a sus hombres que él es su ejemplo! ¡Es un cambio fenomenal!

Aquí logramos ver lo que pasa, al creer las palabras de Dios. De ser personas llenas de temor, llegamos a ser valientes; de ser personas llenas de duda, llegamos a confiar en la obra de Dios a nuestro favor; de pensar que somos nadie, llegamos a vernos como grandes generales en el ejército de Dios. Y el creer nos lleva a actuar. Gedeón creyó y salió a pelear contra los madianitas. Trajo libertad al pueblo de Israel, y todo fue porque un jovencito temeroso creyó lo que Dios habló acerca de él. Nosotras también lograremos cumplir tareas difíciles y grandes hazañas cuando comencemos a actuar sobre lo que hemos creído acerca de nosotras y los planes que Dios tiene.

Gedeón fue prosperado. La prosperidad que Dios nos da es algo que nos empujará más adelante, que nos impulsará; nos llevará a creer que Él hará grandes cosas a través de nosotras y lograremos vencer los enemigos que nos han agobiado durante años: temor, timidez, duda, abandono, pobreza. Tendrán que huir ante el poder de la vida producida por las palabras de nuestro Dios, que nos prosperará hasta reinar. Este término, aquí, significa varias cosas. Obviamente, tiene que ver con pertenecer a la realeza y todo lo que eso implica; pero, también, significa «ser establecido». Somos establecidos en su reino, en sus planes, en su corazón. El amor que el Novio tiene hacia su novia nunca cambiará. No hay modificación en su naturaleza, así que ella puede estar segura de todo lo que Él le ha colocado. Es establecida y está firme en el lugar donde su Novio la ha puesto.

Como mujeres, nos podemos identificar con la necesidad que tenemos de estabilidad. Nuestras relaciones —con un marido o con otras personas— deben ser seguras y estables, para poder descansar, crecer y llegar a ser las mujeres que debemos ser. No siempre se logra experimentar esta clase de estabilidad porque somos humanos, y nuestras emociones nos pueden traicionar. Sin embargo, la encontramos en abundancia, en la relación con nuestro Novio. Su deseo es empujarnos hacia delante, ya que quiere vernos prosperar hasta llegar a un punto de estabilidad en todas las áreas de nuestra vida: mente, emociones, cuerpo. Podemos descansar seguras en su amor y en su designio para nuestra vida. Sabemos, sin lugar a duda, que Él nunca nos dejará ni abandonará.

Para poder regalar todo lo que Dios nos ha dado, es necesario tener plena seguridad de que esas cosas siempre estarán allí.

Dios nunca cambia, y su deseo para nosotros, tampoco. Al tener conocimiento pleno de esto, podremos ministrar confiadamente a todas las necesidades que encontremos a nuestro alrededor y cumplir con el destino de Dios para su esposa.

Dios, sí, es un Dios de prosperidad. Él no la dejará en el mismo lugar en el que la encontró. No le permitirá seguir con las mismas actitudes, complejos y dudas; irá cambiándola y prosperándola hasta que llegue al punto en el que pueda reinar. Será establecida como la mujer que Él ha dicho desde un principio que es: una persona de influencia que podrá ser herramienta de salvación y de libertad, como lo fueron Ester y Gedeón.

Capítulo 15

La hermosura perfecta

Y salió tu renombre en entre las naciones a causa de tu
hermosura; porque era perfecta,
a causa de mi hermosura que yo puse sobre ti,
dice Jehová el Señor.

(Ezequiel 16:14)

La novia fue embellecida y prosperada hasta el punto de ser impulsada a tomar el lugar de autoridad y de bendición que el Novio le había preparado. Y cumplió con la tarea que le fue encomendada. La purificación, las ropas, las joyas, todo cambió su mismo carácter y la llevó a vivir como la reina que Dios dijo que era. Todo lo que ahora hace prospera. Cumplió con tanto éxito su tarea que personas que no formaban parte de su familia oyeron hablar de ella. En otras palabras, llegó a ser famosa. Y fue por su hermosura y por su reinado. Lo mismo sucederá con nosotras cuando recibimos la corona, el carácter, los dones de Dios; los demás notarán que somos personas llenas del carácter de Dios porque nos comportamos de otra manera y los tratamos de otro modo. Estoy convencida de que si todos pudiéramos reconocer todo lo que Dios puso en nosotros y los cambios fenomenales que produjo en nuestra persona, la progresión natural sería que nos enteraríamos de quiénes somos y se notarían esas diferencias en nosotros. Cuando el mundo nos ve, debería ver una persona distinta. Frecuentemente, lo único que queremos es llegar a ser como los demás. Sin embargo, el mundo está anhelando ver algo diferente. Debemos ser luz en un mundo de tinieblas.

La luz no tiene que llegar de antemano para proclamar su presencia. Su simple aparición la anuncia. ¿Comprende? Nosotras no seremos las que obtendremos renombre, sino que nuestra simple presencia, nuestro carácter y nuestras acciones lo harán. Hoy día, muchas mujeres están cansadas de vivir como lo hicieron hasta ahora. Quieren que su vida cambie en forma radical. Desafortunadamente, buscan hacerlo en la política. En Latinoamérica está sucediendo esto, que no es del todo malo; pero mi deseo es animar a la mujer a tomar el lugar que Dios le ha designado, no, a usurpar el del hombre. Sus papeles son muy distintos e independientes y fueron ordenados por Dios. Fuimos creadas para ser mujeres, la ayuda idónea del hombre y el otro miembro del equipo. No para ser maltratadas ni menospreciadas y, después, levantarnos en rebeldía para arrebatar el lugar del hombre. Desde el Edén, ha existido esta clase de desunión entre el hombre y la mujer; pero Dios quiere sanar eso, y lo hará cuando las mujeres podamos reconocer cuál es realmente nuestra posición ante Él y ante los hombres.

En ocasiones, la libertad que se la ha otorgado a la mujer ha llegado a ser arma para tomar una posición que en realidad no le pertenece. Nunca se verá una verdadera reconciliación entre los sexos hasta que las mujeres y los hombres no comprobemos y asimilemos cuáles son los papeles que Dios ha establecido para nosotros.

Veamos el ejemplo de esta mujer que recibió todo lo que su Novio le dio, para cumplir con su tarea de reinar y para que, a través de ella, brille la gloria de Aquél. Su hermosura no es común. Es una hermosura perfecta. No es algo bueno, sino que es algo excelente y sin igual. Y antes de que pueda jactarse de ella, su Novio le recuerda de dónde la obtuvo: de Él. ¡Es tan fácil, cuando caminamos en los dones y la autoridad que nuestro Novio nos ha otorgado, comenzar a sentirnos más, a pensar que fue por nuestra mano y no por lo que Él haya hecho a través de nosotros! Por eso nos deja una clave importante que es recordar de dónde ha venido todo lo que tenemos. Es necesario tener presente, constantemente, que cualquier hazaña que produzca renombre para nosotros como individuos tiene su raíz en Aquel que nos llamó. Si logramos algo importante, simplemente es por Dios. Él nos dio favor y gracia ante los hombres (como lo hizo con Ester); palabras justas en el momento indicado (como lo hizo con Moisés); grandes obras, a pesar de nuestra duda (como lo hizo con Gedeón). Por Dios y para Él existe todo.

La perfección de nuestra hermosura es producida por varias cosas, pero una de las más importantes es la obediencia. En I Juan 2:5 nos dice: *Pero el que guarda su palabra, en éste verdaderamente el amor de Dios se ha perfeccionado.* Cuando vivimos obedeciendo lo que nuestro Novio ha establecido como su voluntad, entonces será perfeccionado su amor en nosotros. Todo lo vivido en este proceso tiene que ser mantenido, guardado; y una manera de hacerlo es estar en obediencia constante a su Palabra. Es difícil. Nos desesperamos cuando no vemos los resultados deseados de inmediato. La tentación es dejar de obedecer y de creer, e intentar hacerlo por nuestra propia fuerza. Cuando nuestras oraciones no son contestadas en el momento esperado, se levanta cierto sentimiento de rebeldía, ¿verdad? Queremos hacer sufrir a Dios con nuestra mala conducta para que así haga lo que estamos pidiendo, como un niño que se encapricha. Pero esto no funciona con Dios.

La paciencia es un ingrediente esencial de la obediencia. Si no tiene paciencia para esperar los tiempos de Dios, entonces pronto dejará de obedecer su Palabra y ya no será perfecta en hermosura. Se irá marchitando y ensuciando todo lo que Dios puso sobre usted. Santiago 1:4 nos dice algo muy importante sobre la paciencia y la obediencia: *Mas tenga la paciencia su obra completa, para que seáis perfectos y cabales...* La paciencia pues, es algo que obra en nosotros la perfección.

La Escritura también es una herramienta que Dios utiliza para producir perfección en nosotros. En 2 Timoteo 3:16-17 dice así: *Toda Escritura es inspirada por Dios, y útil para enseñar, para redargüir, para corregir, para instruir en justicia, a fin que el hombre de Dios sea perfecto, enteramente preparado para toda buena obra.* La Palabra de Dios nos prepara y nos enseña, también nos corrige; pero siempre con el fin de vernos perfeccionados y capacitados para hacer la buena obra que Él tiene para cada uno de sus hijos.

De modo que la hermosura que Dios pone sobre nosotros produce la hermosura que lleva al renombre y al reconocimiento. Dios es generoso y no pide algo de nosotros que no tenemos. Él puso todo en nosotros. Pide perfección, pero Él mismo la produce en usted, a través de su Palabra que nos va transformado a su imagen.

Nuestro deseo, después de haber recibido sanidad, restauración y hermosura de nuestro Novio, es continuar en esta relación con Él, que va progresando y nunca se estanca; no se vuelve algo común; pero, sí, requiere trabajo. Así como en toda relación, se necesita tiempo; el que pasemos en la presencia de nuestro Novio producirá frescura y pasión, y nos mantendrá perfectamente hermosas porque estaremos reflejando su belleza y su gloria. Esto sólo se puede lograr por estar en proximidad, cerca de Él. Es necesario ser novias apegadas a nuestro Novio. Nunca podremos separarnos, porque en el instante de hacerlo perderemos lo que ha sido producido en nosotras. El texto de Juan 15:1-7 nos habla de esta clase de relación, usando la ilustración de una planta y las ramas. Jesús se describe como la parte principal de la planta y nosotros somos como ramitas que nos insertamos en Él. Recibimos de Él todo lo necesario para vivir y, si llegásemos a separarnos, perderíamos la vida. No somos nada aparte de Él; pero, estando en Él, tenemos todo.

Yo sé que para muchas la idea de vivir una vida abundante, sana y bendecida es algo extraño; pero mi deseo es que Dios haya logrado penetrar su corazón y su mente con su Palabra, y que se haya producido una libertad para recibir todo lo que su Novio tiene preparado para usted. No es un cuento de hadas, ni son invenciones de hombre. Es la Palabra de Dios, que no miente y nunca volverá vacía.

En los momentos de dificultad, como los hay en cualquier relación, le pido a Dios que las palabras de la oración de Pedro por sus hermanos venga a su memoria: *Mas el Dios de toda gracia,* que nos llamó a su gloria eterna en Jesucristo,…él mismo os perfeccione, afirme, fortalezca y establezca. La obra es de Él, la fe es nuestra.

Dios pasó junto a usted, ¿aceptará su propuesta? Este es su tiempo, es el momento de cambio, el tiempo de amores. Ríndase a los brazos amorosos de su Dios, y la sorprenderá la profundidad de su amor por usted, la abundancia de su bendición, el alcance de su prosperidad y de su hermosura. Lleguemos a ser lo que Dios nos creó para ser *la mujer de Sus sueños.*

Bibliografía

1. Beattie, Melody, *Codependent No More: How to Stop Controlling Others and Start Caring for Yourself,* Nueva York, HarperCollins Publishers, 1992.

2. Clinton, Dr. Tim; Sibcy, Dr. Gary, *Attachments,* Brentwood, TN: Integrity Publishers, 2002.

3. Editado por Douglas, J.D.; Bruce, F.F.; Packer, J.I.; Hillyer, N.; Guthrie, D.; Millard, A.R.; Wiseman, D.J., *New Bible Dictionary-2nd ed.* (Nuevo Diccionario bíblico 2da edición) Downers Grove, Illinois, Intervarsity Press, 1993.

4. Edersheim, Alfred, *The Temple, Its Ministry and Services.* (El Templo: su ministerio y servicios en el tiempo de Cristo) Peabody, Massachusetts: Hendrickson Publishers, 2002.

5. Evans, Timmy, *Un matrimonio sobre la Roca,* Amarillo, TX, Majestic Media, 2002.

6. Gottman, John, Ph.D., *Raising an Emotionally Intelligent Child*, Nueva York, Simon & Schuster, 1997.

7. Henry, Matthew, *Comentario de la Biblia en un tomo*, Miami, Editorial Unilit, 2003, S. 503.

8. Lockward, Alfonso, *Nuevo Diccionario De La Biblia*. Miami, Editorial Unilit, 2003, S. 896.

9. Pool, Matthew, *A Commentary on the Holy Bible*, (Comentario sobre la Santa Biblia) Carlisle, Pennsylvania, The Banner of Truth Trust, 1979.

10. Strong, James, LL.D., S.T.D., *Nueva Concordancia Strong Exhaustiva*, Nueva York, Miami, Editorial Caribe, 2002.

11. *The Interpreters´ Dictionary of the Bible* (Interpretación y diccionario de la Biblia), Volumen 3, Nashville & Nueva York, Arlington Press, 1962.

Sobre la autora:

Nolita Warren de Theo sirve en el ministerio de mujeres de la iglesia hispana de Lakewood Church en Houston Texas, la cual pastorea Marcos Witt. Ha escrito la columna "Mujer llena del Espíritu" para la revista *Vida Cristiana* hace varios años, aparte de escribir artículos y traducir para su iglesia y otras editoriales. Por años, ha formado parte de las voces en las grabaciones en vivo de su hermano Marcos Witt y de salmistas como: Danilo Montero, Marco Barrientos y Coalo Zamorano, entre otros. Nacida en Durango, México, hija de Frank y Nola Warren, ayudó a sus padres en el ministerio mientras vivió en México. Está casada con Naki Theo y tienen dos hijos: John Anthony y Warren Michael. Residen en Houston, Texas.

Si este libro ha sido de bendición a tu vida, o si deseas compartir tu testimonio con nosotros, puedes escribirme a:

Nolita Warren de Theo

Email: nolitatheo@yahoo.com